KB097878

아들은
아버지의
등을 보고
자란다

│ 이 시대의 남편, 아들, 아버지를 위한 자기회복 심리학 │

아들은
아버지의
등을 보고
자란다

최광현 지음

유노
라이프
LIFE

아버지를 닮은 나,
나를 닮은 아들

남자가 아버지가 되는 일은 여자가 어머니가 되는 일과는 다른 의미를 가진다. 아버지는 오래전부터 가족을 부양하고 책임을 지고 가족의 생계를 떠안고 살아야 한다는 유전자를 물려받았다. 인생의 깊이와 아픔, 모순을 아버지만큼 끌어안고 사는 존재도 없을 것이다.

위화의 《허삼관 매혈기》에 나오는 허삼관이 그러한 아버지의 무게감을 잘 드러낸다. 허삼관은 자신의 피를 팔아 결혼하고, 가족을 위해 생계를 유지하는 사람이다. 아내는 마을에서 아름다운 여자였고, 이미 결혼을 약속한 남자가 있었지만 허삼관이 반하여 처가를 설득해 결혼한다. 그들은 세 명의 아들을 낳았는데, 장남

일락이가 점점 아내의 전 남자 얼굴을 닮아갔다. 그 사실은 온 마을에 퍼졌고, 기정사실이 되었다. 허삼관은 결단을 내려야 했다.

허삼관은 사람들이 보는 앞에서 칼로 자기 얼굴과 팔에 상처를 내고, 선혈이 낭자한 모습으로 소리쳤다.

"만약 당신들 중에 또 일락이가 내 친아들이 아니라고 말하는 자가 있으면, 이렇게 베어 버릴 테요."

그러고는 칼을 내던지고 일락이의 손을 잡으며 말했다.

"일락아, 우리 집에 가자."

허삼관이 아들의 손을 잡았을 때, 아들은 태생적인 모순을 용서받는 감격적인 순간을 맞이했고, 아내는 뜨거운 용서를 받았을 것이다.

자신의 피를 팔아야 했던 허삼관이라는 거칠고 완벽하지 않은 아버지가 우리에게 매력 있게 다가오는 이유는, 아버지로서 책임을 다하는 자세와 삶의 모순과 갈등조차 수용하고 통합했기 때문이나. 남의 자식을 자신의 아들로 받아들이는 허삼관의 행위는 아들을 사회적으로 인정한 아버지의 단면을 보여 준다.

어머니와 아들이 살과 피로 만들어진 애착 관계라면, 아버지와 아들은 사회적 관계이다. 어머니가 아버지로 인정하거나 아버지가 아들로 인정해야 비로소 이들의 관계가 성사된다.

고대 로마 사람들은 아들이 태어나면 집안사람들 앞에서 아들을 공표했다. 아버지가 아들을 번쩍 들어 올리면 '이 아이는 내 아들로 인정한다'라는 사회적 의미를 가졌다. 아들은 아버지로부터 '내 아들'이라는 인정을 받아야 비로소 아버지와 관계를 맺을 수 있다.

나는 이 글을 쓰면서 내 아들 요한이에게 '아버지' 하면 떠오르는 이미지가 무엇이냐고 물었다. 아들은 '권위'라고 대답했다. 그리고 '권위 있는 아버지', 그 반대로 '무기력한 아버지' 두 종류의 이미지가 떠오른다고 했다. 전통적으로 아버지라 하면 권위를 떠올릴 것이다.

권위는 사회적 위계질서 안에서 발생한다. 아들은 사회적 관계이자 위계질서를 가진 아버지로부터 힘의 균형, 서열, 복종, 주도, 통제, 적응의 힘을 배운다. 아들뿐만 아니라 딸도 사회 안에서 생존할 수 있는 기술을 주로 아버지에게서 습득한다. 어머니에게도 사회적 영향을 받지만, 완성은 아버지와의 관계에서 이뤄진다. 이러한 관계는 아들이 아버지가 되고, 아버지를 닮아가며 이어진다. 마치 스펀지에 잉크가 스며들듯 아버지를 닮아간 아들은 자신의 아들에게 자신의 아버지처럼 대한다.

내가 강의를 할 때, 자주 하는 말이 있다.

"아무리 어머니가 완벽하다고 해도, 아들에게는 언제나 2퍼센트 부족함이 있어요. 그 부족함은 오직 아버지만이 채워줄 수 있지요."

아들에게 아버지는 대체가 불가능한 존재이다. 그렇기에 아버지에게는 반드시 역할을 다해야 하는 사명이 있다.

50대인 나는 어린 시절, 당시 많은 가정이 그랬던 것처럼 아버지의 부재를 경험했다. 모두가 어머니 역할에 대한 교육을 받고 어머니가 되지 않듯, 아버지 또한 역할에 대해 거의 무지한 상태에서 아버지가 된다. 가난하고 어려웠던 시기에 아버지들은 모두 바깥에서 일하느라 바빴고 아내와 자식에게 어떻게 대해야 하는지 몰랐다.

우리가 아버지 역할에 대해 배운 곳은 가정이었고, 어린 시절 보았던 아버지였다. 그러니 우리는 무의식적으로 지난날 아버지의 행동과 모습을 따라갈 수밖에 없다. 어느 순간 그토록 싫어하던 아버지의 모습을 자기 안에서 발견하고 소스라치게 놀라는 날을 한 번쯤 경험하지 않았는가. 하지만 이제 우리는 아들에서 아버지가 되었다. 과연 나는 내 아들에게 어떤 아버지이고 싶은가? 아들은 아버지인 나를 어떻게 기억할 것인가?

이 책을 쓰기 위해서 아들인 동시에 아버지인 나를 돌아보게 되었다. 그리고 내 아버지와 내 아들에 대해 깊게 생각하는 시간을 가졌다. 또 나에게 상담을 받은 많은 남성들의 사례를 떠올렸다. 그러면서 우리가 아버지의 존재와 역할, 아버지와 아들과의 관계에 대해서 좀 더 일찍 알았다면 얼마나 좋았을지 생각하게 되었다.

무언가를 알려면 무언가를 배워야 하듯, 아버지가 되려면 우리는 '아버지' 자체를 배워야 한다. 아버지와 아들에 대해 명확히 파악해야 둘 사이에서 발생할 수 있는 수많은 문제가 해결될 수 있다. 그리고 나서 내가 아버지가 되었을 때, 비로소 나다운 아버지로 존재할 수 있다.

희미하게 존재하던 무언가가 선명해지고, 말할 수 없었던 무언가를 이름으로 부르면 회복력이 작동된다. 누군가의 남편이자 아들이자 아버지인 당신에게도 그렇다.

목차

1장

"누구의 남편, 누구의 아버지로 산다는 것"

아버지의 시선에 대하여

2장

"전하지
못했던 마음이
있었다"

아버지의 결핍에 대하여

3장

"아들은 아버지의
등을 보고
자란다"

아버지의 정체성에 대하여

4장

"아버지가 사라진 시대에 아버지 되기"

아버지의 역할에 대하여

5장

"아버지의 어깨를 털어 주는 시간"

남자의 회복에 대하여

에필로그

"누구의 남편,
누구의 아버지로
산다는 것"

아버지의 시선에 대하여

집 안 어느 곳에서도 지금 그가 앉아 쉴 자리는 없다.

이제 더 이상 그를 두려워하지 않는

아내와 다 커 버린 자식들 앞에서

무너져가는 모습을 보이지 않기 위한

남은 방법이란 침묵뿐이다.

넥스트 1집 '아버지와 나 Part 1' 중에서

집 안 곳곳
쉴 곳이
없다

대학 시절 친구 재민이는 내가 만난 사람 중에 가장 착한 사람이다. 기본적으로 좋은 품성을 타고났다. 재민이와 함께 있으면 언제나 타인을 배려하는 따뜻함에 편안한 기분이 든다. 한편으로 그렇지 못한 나 자신이 부끄러워지기도 한다.

얼마 전, 재민이가 사는 대구에 가서 저녁 식사를 함께했다. 식사 도중에 재민이는 이렇게 말했다.

"중년이 되니까 나만의 공간, 시간이 절실하게 필요하더라."

재민이는 한 달에 한 번 평일에 월차를 내어 아내에게 알리지 않고 출근하듯이 집에서 나온다고 했다. 그러고는 극장에서 혼자서 영화를 보거나 식사하고 커피를 마시면서 하루를 보내다가 집으로 돌아간다고 했다.

재민이는 대학 시절부터 지나치게 착해서 '험난한 인생을 잘 살 수 있겠나?'라고 염려까지 되었던 친구다. 어쨌든 재민이는 가정 안에서 언제나 아내의 이야기를 기꺼이 들어주는 남편, 아이들에게 따뜻한 아버지, 직장에서 매너 좋고 실력 있는 엔지니어로 잘 살고 있다.

그렇게 늘 타인에게 친절하고 관대했던 재민이가 중년이 되자 이제 자신을 챙기기로 마음을 먹은 것이다. 항상 가족을 생각하고 남을 먼저 챙기는 재민이마저 중년이 되자 자기만의 시간과 공간을 갖고자 했다. 재민이에게는 무척 용기를 발휘한 일탈일 것이다. 어떤 이유에서든 아내를 속이는 일은 생각도 못했을 친구이기 때문이다.

비단 내 친구만의 이야기는 아니다. 성공한 연예인이라 불리는 유재석조차도 텔레비전에서 집 안에 자기만의 공간이 없다고 이야기하며 푸념을 놓기도 했다. 대부분의 중년 남성들이 자동차를 좋아하는 이유도 자동차만이 자신만의 유일한 공간이기 때문이라는 말도 있다. 아버지가 되면 아이들에게 방을 내어 주고, 아내에게 공간을 주다가 정작 본인만의 공간은 집 안 어디에도 없는 경우가 흔하기 때문이다.

| 중년의 위기, 그리고 자기만의 방 |

칼 융Carl Gustav Jung은 중년기 위기에 최초로 관심을 가졌다. 그는 인생의 후반기가 시작되는 35세 이상 사람들에게서 공통된 행동을 발견했다. 임상적으로 신경증을 앓는다고 볼 수 없지만, 그들은 삶이 무의미하고 공허하다는 느낌으로 고통을 받았다.

삶이 무의미하고 공허하다는 느낌을 다른 말로 '권태'라고 표현할 수 있다. 요즘 평균 수명이 연장되어 중년기를 35세로 생각하기가 조금 빠를 수 있지만 일반적으로 35세, 좀 늦으면 40세부터는 중년기이다.

대개 남성은 중년기 이전, 즉 청년기에 젊음을 가지고 왕성한 에너지를 내뿜는다. 사회나 가정을 개척하고 정착하기 위해 애쓴다. 그렇게 어떤 목표를 향해 막 달리던 청년의 시절을 지나 일정 부분 목표에 도달하는 중년의 시절이 찾아온다. 안정이 되는 시기에 모순되게도 모든 것이 지루하고 무의미한 감정이 든다. 중년기에 들면서 그동안 했던 역할에 싫증이 난다. 지금의 안정적인 삶을 이루는 가정, 직업, 사회적 역할을 이루기까지 많은 희생으로 치루었을 텐데도 모두 부질없게 느껴진다.

일반적으로 우리의 내면은 균형을 유지하려고 부단히 애쓴다. 그런데 너무 지나치게 한 방향으로 기울여져 살다 보면 심리적 시소의 기울기에 불균형이 발생한다. 불균형을 맞추기 위해서 기존의 방향과는 반대 방향으로 시소가 기운다. 내면에서 올라오는 무의미함, 권태감은 심리적 균형을 맞추라는 신호인 셈이다. 권태, 우울, 혐오, 좌절, 무관심 같은 감정이 그렇다. 그리고 중년기에는 무언가 갇혀 있거나 속박되었다는 느낌을 끊임없이 받는다. 덕분에 이 시기에는 그동안 전혀 생각지도 못했던 일탈, 즉 그동안 살아왔던 방향에서 벗어나는 행동을 하기도 한다.

정신없이 청년기를 보내고 치열한 경쟁 사회에서 안정된 자리를 얻기 위해 고군분투했던 사람이라면, 권태와 일탈의 욕구는 중년기에 이르러 최고조에 달한다. 지금의 평온한 일상을 얻기까지 수없이 희생했기에 자신의 그림자는 그만큼 커져 있다.

이러한 심리는 아버지로서, 남편으로서, 직장인으로서의 기능에 영향을 미쳐 가족 안에 흐르는 불안과 긴장감의 주요 원인이 될 수도 있다. 그러면 남자는 가족에게 이해받지 못하고, 자기 스스로도 이해하지 못한 채 살아가게 된다.

칼 융은 사람이 일생을 사는 동안 언제나 똑같은 삶을 유지할 수 없음을 발견했다. 우리 몸의 근육도 어느 한 부분만 자주 사용하고, 한쪽에만 힘을 주면 그 부분에 문제가 생긴다. 마음도 마찬가지다. 운동으로 다양한 근육을 쓰면서 한쪽 근육에 너무 힘이 가지 않도록 해야 하듯, 우리 마음도 한쪽으로만 치우지지 않도록 해야 한다.

| 내면의 불균형을 맞추는 일 |

모든 아버지와 어머니는 중년의 위기를 어떤 식으로든 만나게 된다. 누구나 중년기를 맞이하지만 그렇다고 모든 사람이 중년의 위기를 심각하게 느끼지는 않는다. 그동안의 삶을 너무 지나치게 한 방향으로 살아와서 내면에 불균형이 발생하게 된 사람에게는 중년기가 힘들 수 있다는 이야기이다. 예를 들어, 지나치게 착해서 참는 사람, 지나치게 옳고 엄격한 사람, 지나치게 완벽한 삶을 살아온 사람에게는 이 시기가 힘들 수 있다.

어떤 남자들은 중년기에 심리적 압박감에서 잠시 벗어나려고 알코올, 약물 등을 선택한다. 이러한 수단을 써서 무의미함과 지루함, 권태를 위안과 취기 섞인 망각으로 잠시 잊으려 한다. 또는 외도, 도박, 게임 등과 같은 일탈을 하며 일상에서 새로운 활기를 얻으려 한다. 그리고 세상에서 물러나서 자기만의 공간에 고립되고자 하는 욕구를 실현하려고 한다.

이때 부정적 해소가 아닌 긍정적 해소로 새로운 탈출구를 모색하는 것이 좋다. 중년기에는 우울증도 많이 걸리는데, 우울증을 치료하는 과정에서 치료사들은 취미 생활을 적극 권장한다. 남자들이 그동안 가정생활, 직장 등 사회적 역할을 감당하기 위해서 억누르고 참아왔던 취미나 관심사 등을 하도록 권한다. 예를 들어, 음악이나 그림, 취미 활동을 어느 정도 자기 삶에 편입하면 삶의 원동력과 활력을 얻게 되고 짓눌려 있는 느낌으로부터 자유로움을 경험할 수 있다. 치료에도 효과적이다.

남자들이 중년기에 갑작스러운 위기를 겪는 이유는 그동안 인생을 잘 살아오지 못해서가 아니라, 오히려 너무 지나치게 열심히 살았기 때문이다. 열심히 달린 만큼 심리적 시소가 불균형을 이룬다. 그렇기에 자기만의 방식으로 내면의 불균형을 맞출 방법을 발견해야 한다.

나는 중년기가 시작된 40대부터 대단히 여성스러운 취미를 만들었다. 여러 종류의 특색 있는 컵에 직접 원두를 갈아 내린 커피를 마셨다. 예쁜 컵, 커피 내리는 용품을 사 모았다. 다양한 종류의 로스팅 기계에서부터 에스프레소 추출 기계, 핸드드립 용품까지 웬만한 카페처럼 설치했다. 커피를 좋아하는 아내의 지지 덕분에 적극적으로 이루어졌다. 나는 아침마다 그날의 기분에 따라 다양한 컵에 핸드드립 방식이든 에스프레소 추출 방식이든 커피를 내려 마시며 하루를 시작한다.

최근에는 요리에도 취미가 생겼다. 주말이면 스파게티와 만두를 빚는다. 당연히 아내는 집에서 직접 만든 스파게티와 만두를 먹을 수 있으니 반대가 없었다. 앞으로는 제빵에도 도전할 생각이다. 내가 만든 따끈한 건강 빵을 가족과 함께 먹을 생각만 해도 기분이 좋아진다.

다소 여성스럽다고 느꼈던 삶의 방식을 나 자신에게 허용했더니 일상에 활력이 생겼다. 그동안 빡빡했던 내 삶의 방식에 여유를 주면서 혼란스러운 내 중년기에 심리적 시소에 균형이 유지되었다.

이 책에서 가장 먼저 중년의 위기를 논하는 이유는 이를 제대로 처리하지 못했을 때의 문제 때문이다. 여기서는 중년의 위기를 이야기했지만, 이 중년이 아버지일 때 문제가 있다면 이야기는 달라진다. 가족의 관계 속에서 문제는 유기적으로 연결되어 있기 때문이다. 이제부터 중년 아버지가 마음의 균형을 제대로 살펴야 하는 이유에 대해 알아보도록 한다.

강한
아버지와
약한 아들

　장우 씨는 요즘 힘겨운 상태에 빠졌다. 아내와 부모님이 강하게 대립하면서 상황이 갈수록 나빠졌다. 고부 갈등은 결혼 초부터 시작되었다. 장우 씨의 부모는 아들이 데리고 온 며느리를 반가워하지 않았고 여러 이유로 반대했다. 그러나 장우 씨는 부모의 뜻을 꺾고 결혼했다. 결혼은 했지만 부모와 아내 모두 상처를 받은 상태였다. 결혼생활이 이어지는 내내 아내는 부모님과 부딪쳤고 극심한 갈등이 생겼다.

　장우 씨를 상담하면서 나는 놀라운 사실을 알게 되었다. 장우 씨는 단순히 고부 갈등으로 중간에 힘들어 하는 남편이 아니었다. 장우 씨는 오랫동안 아버지의 통제와 영향력에서 벗어나고 싶어 했던 아들이었다. 부모는 하나밖에 없는 아들에 대한 집착이 컸으며 성인이 되어서도 통제하고 있었다.

장우 씨는 아버지에게서 벗어나는 일은 거의 불가능할 정도로 아버지에게 매여 살았다. 아버지는 어릴 때부터 공부를 잘하고 착한 장우 씨를 자랑스러워했다. 장우 씨는 아버지의 바람대로 명문 대학에 진학했고 대기업에 들어가서 일찍부터 안정된 생활을 했다. 자유롭고 독립된 삶을 꿈꾸었지만 아버지의 통제와 집착은 아들로 하여금 아무것도 할 수 없게 만들었다.

장우 씨는 집이 회사에서 멀어서 분가를 원했으나 아버지의 허락이 없어서 집에서 출퇴근을 해야 했다. 귀가 시간이 늦어지면 여지없이 아버지의 전화를 받아야 했고 이성 친구와 교제조차 어려울 정도였다. 무엇보다 아버지의 기준에 맞는 여성을 만나기란 쉬운 일이 아니었다.

장우 씨는 30대에 들어서자마자 연애를 했고, 아버지의 기준에 맞지 않는 여자와 결혼하겠다고 선언했다. 아버지는 충격을 받았다. 어릴 때부터 뜻을 거스르지 않던 착한 아들이었기에 더욱 놀랐다. 장우 씨는 아버지로부터 벗어나고 싶었지만 스스로는 힘들다고 판단해, 소위 강한 여자를 아내로 선택한 것이다.

장우 씨의 아내는 강한 의지와 투지를 갖고 있으며 싸움을 결코 두려워하지 않는 여성이었다. 장우 씨가 가진 문제는 겉으로는 고부 갈등인 듯 보이나 사실 장우 씨는 아내를 방패로 삼아서 부모로부터 벗어나려는 투쟁을 하는 셈이었다.

그러나 장우 씨가 간과하던 사실이 있었다. 그토록 독립하고 싶어 했던 아버지의 자리를 강한 아내가 대체한 것이다. 그는 아내로부터 숨 막히고 자유를 빼앗긴 듯한 느낌을 받았다. 장우 씨에게 아내는 아버지로부터 벗어날 수 있게 하는 구원자이자, 아버지의 자리를 차지한 또 다른 아버지였다.

| 복종과 체념 사이 |

장우 씨의 아버지는 소위 '강한 아버지'였다. 아버지와 아들의 관계에서 강한 아버지와 '약한 아들'은 아주 오래된 주제이다. 아버지는 동서양을 막론하고 오래전부터 가족의 우두머리였고, 가족의 생존과 안전을 책임진 가부장적 권위를 부여받았다. 최근에 시대가 변하면서 이러한 전통적 아버지상은 사라지고 있지만 여전히 많은 가족 안에서 강한 아버지와 관계를 맺어야 하는 아들의 딜레마가 존재한다.

대개 강한 아버지는 자신이 걸어 왔던 인생의 길에서 발견했거나 깨달은 바를 아들에게 가르치려고 한다. 당연히 아버지는 자신의 경험으로부터 터득한 원리를 아들이 잘 적용하고 살기를 원해서 강요한다. 아버지와 아들의 갈등은 여기에서 비롯된다. 아버지는 자신이 체험했던 경험 속에서 나온 내용이기에 조금도 의심 없이 아들에게 요구하지만 아들의 입장에서는 시대에 뒤떨어진 생각으로 느껴질 수 있다. 아버지와 아들 사이에는 팽팽한 긴장이 흐르지만 이를 중재하는 건강한 소통이 없는 경우 그 갈등은 더욱 깊어진다.

여기서 '강한 아버지'라는 말의 의미를 다시 생각해 볼 필요가 있다. 강한 아버지는 자신의 삶에 강한 자긍심을 가지고 아들에게 가르침을 강요하는 아버지가 아니다. 남들에게 지지 않고 내 가족만을 지키려는 성격이 포악한 아버지, 이기적이고 변덕스럽고 거친 아버지는 더더욱 아니다. 강한 아버지는 가족을 위해 최선을 다하는 아버지이다.

아들은 가족을 위해 희생하고 최선을 다하는 아버지를 존경한다. 하지만 강하게 아들을 통제하고 아들에게 무언가를 강하게 요구하는 아버지는 버거운 존재일 뿐이다.

강한 아버지로부터 벗어나서 자유롭고 독립된 삶을 원하는 아들 중에는 장우 씨처럼 누군가를 끌어들여서 해결하려는 사람들이 있다. 사춘기 자녀가 지나친 권위 의식을 가진 부모에게서 벗어나려고 소위 '일진'처럼 강한 또래 집단 아이들과 어울리듯이 말이다. 이렇게 누군가를 끌어들여서 문제를 해결하면 '삼각관계'

가 만들어진다. 삼각관계가 되면 당장에는 갈등의 당사자인 두 사람 사이의 갈등이 완화되고 완충지대가 만들어진다. 그러나 이런 관계에서는 갈등이 아주 오래, 지속적으로 이어진다.

부모에게서 벗어나려는 시도는 자기만의 비밀을 만들어 철저하게 부모로부터 비밀을 만드려는 행동으로도 나타난다. 자기만의 비밀을 고수하려는 태도에는 부모의 간섭과 통제, 더 나아가 부모의 영향력에서 벗어나 하나의 독립된 인격으로서 자신을 지키려는 욕구도 포함한다.

장우 씨가 현재 가족 안에 느끼는 극심한 갈등은 장우 씨와 그의 아내, 그리고 그의 아버지 모두에게 고통스러운 일이다. 장우 씨가 건강한 방식으로 아버지로부터 독립을 시도했다면 이러한 고통은 만들어지지 않았을 것이다.

장우 씨는 나와 상담을 하면서 아버지와 갈등하는 상황 자체가 아버지부터 벗어나려는 시도에서 만들어졌음을 인식했다. 문제를 인식하고 더 이상 회피하거나 다른 누군가를 끌어들여서 갈등을 대신 해결하면 안 된다고 알게 되었다. 아들로서 자신의 자리를 버티면서 문제를 해결해야 한다는 사실을 깨닫게 된 것이다.

아들은 가족을 위해 희생하고
최선을 다하는 아버지를 존경한다.
하지만 강하게 아들을 통제하고 아들에게
무언가를 강하게 요구하는 아버지는 버거운 존재일 뿐이다.

| 선택은 열려 있다 |

우리는 장우 씨의 사례로 약한 아들과 강한 아버지의 문제를 살펴보았다. 아들은 아버지와 다른 인격체, 독립된 존재다. 아들은 아버지의 바람처럼 고분고분 말을 잘 듣는 존재가 아니다. 분명히 도움이 되는 말이라도 무조건 따라 하고 싶어 하지 않는다. 아버지 세대가 그랬던 것처럼 아들 세대도 스스로 선택하고 개척하고 싶은 강한 욕구를 지닌다. 아들은 아버지가 걸어왔던 삶으로부터 자유를 원한다. 아버지의 지나친 간섭이 아버지의 입장에서는 아들을 위한 보호이고 과거에 자신의 아버지로부터 받지 못한 특권이지만, 아들에게는 좋지 못한 방향일 수 있다.

만약 독자가 장우 씨의 아버지와 같은 세대라면 기억해야 할 점이 있다. 바로, 아들을 이해하려는 노력이다. 자신이 살아왔고 헤쳐왔던 문제들이 아들에게는 다른 문제이며, 도저히 생각하지 못했던 것일 수도 있다는 열린 자세를 가져야 한다. 자신과는 아들이 달라서 끊임없이 충돌이 생기더라도 교류하려는 노력이 필요하다. 아들을 이해하려는 태도가 소통을 가능하게 만든다. 당연히 소통은 일방적이지 않고 쌍방향에서 교류해야 한다. 이러한 자세는 아버지와 아들의 관계를 단단하게 만든다.

아버지는 새로운 시대를 살아가야 할 아들에게 소중한 버팀목과 같은 존재이다. 우리가 그러했듯이 아들도 만만치 않은 인생을 살아갈 것이며, 그렇게 인생을 살다가 가족에게 든든한 울타리로 사는 아버지가 될 것이다. 어떤 아버지가 될지는 우리의 선택에 달려 있다.

'친구 같은
아버지'
딜레마

40대 성윤 씨와 그의 아내가 아들을 데리고 상담실을 찾았다. 아이는 유치원에서 아이들과 잘 어울리지 못하고 여러 발달에 문제가 있었다. 요즘 이와 유사한 문제로 상담실에 많은 부모와 아이가 온다.

치료를 위해 성윤 씨 부부가 아이와 나란히 치료실에 앉았다. 아내가 성윤 씨에게 무언가를 말하고 비난할 때마다 아들은 성윤 씨에게 달려가서 아버지를 심하게 때렸다. 성윤 씨는 아들이 때리면 제지하지 못하고 무기력하게 맞았다. 아이는 어머니에게는 지나치게 매달리고 아버지를 거부하고 있었다.

성윤 씨의 아이는 7세였지만 정서적, 인지적 연령은 4, 5세에

머물렀다. 여전히 어머니와 밀착되어 분리되지 못하는 상태였다. 아들이라면 어린 시절에 한 번쯤 '오이디푸스 콤플렉스'를 겪는다. 특히 이러한 특정 행동을 보이는 시기를 '오이디푸스 시기'라고 할 수 있는데, 오이디푸스 시기에 아들은 본능적으로 아버지를 향한 적대감을 갖는다. 이때 부부 관계가 안 좋아 아내가 남편을 거부하고 미워하면 아들은 더욱 아버지를 거부하며 오이디푸스 콤플렉스에 멈추어 성장하지 못하는 경우가 발생한다. 아버지를 거부하고 어머니에게 밀착된 양극단적 행동은 오이디푸스 콤플렉스의 고착이다.

성윤 씨 아들도 오이디푸스 시기를 아직 넘기지 못하고 있었다. 그 결과 자라면서 몸은 성장했지만, 자아는 성장하지 못하고 멈춘 상태였다. 그런데 아들만의 문제가 아니었다. 성윤 씨 부부는 아들의 발달 문제로 치료실에 왔지만, 그 내면을 들여다보니 온 가족에게 문제가 있었다.

성윤 씨의 아내는 남편에게 화가 나 있었고, 남편을 너무 싫어했다. 부부 관계에서 갈등이 매우 높은 상태였다. 아내는 성윤 씨와 이혼까지 고민했다.

아버지 성윤 씨는 가정 안에서 균형을 잡는 역할을 하지 못했으며, 아내는 남편을 거부하며 부부 관계를 악화시켰다. 이러한 부부의 행동은 아들이 아버지를 거부하게 만든 요인이 되었다. 그럼으로써 아들과 어머니는 분리되지 못하고 지나치게 붙어 있게 된 것이다.

성윤 씨와 같은 아버지라면 먼저 자신과 아들의 관계를 살펴보아야 한다. 그다음에 적극적으로 아들과 놀이와 대화로 접촉을 늘리는 노력이 필요하다.

성윤 씨의 아내와 같은 어머니라면 아들이 아버지에 대한 거부감을 완화하도록 노력해야 한다. 자식의 입장에서 어머니가 아버지의 권위와 역할을 인정해야 자식도 아버지를 인정한다. 어머니가 사이가 나빴던 아버지의 존재와 역할을 긍정적으로 인정하면, 아들은 처음에는 혼란스럽겠지만, 곧 아버지와 새로운 관계를 맺을 수 있게 된다. 아버지의 자리에 아버지를 놓고 나면 아들은 어머니와 관계에서도 거리를 둘 수 있으며, 자기의 나이에 맞는 발달과 성장을 할 수 있다.

오이디푸스 콤플렉스는 아동과 청소년 시기뿐만 아니라 이미 성인이 된 남자에게도 살펴볼 수 있다. 어린 시절부터 오이디푸스 콤플렉스가 고착된 성인 남성에게서 보이는 대표적 특징은 신체와 사고의 저하, 무엇보다 어머니와 지나친 융합 관계 등이다.

어머니와 아들의 관계는 마치 공생관계처럼 서로 떨어질 수 없는 밀착 형태를 보이며, 둘로 나누어 개별적인 인격으로 생각할 수 없는 하나의 감정덩어리처럼 움직인다. 서로의 감정에 자극을 받고 자기 것으로 받아들인다. 또는 아들은 어머니에게 완벽히

종속되어 어머니의 아바타처럼 어머니의 의지대로만 움직이는 수동적 존재가 된다.

| 엄격함과 친밀감 사이에서 |

성윤 씨 아이와 성윤 씨의 관계를 더 살펴보기 위해 노는 모습을 지켜보았는데, 아이는 성윤 씨와 놀면서도 성윤 씨를 때렸다. 나는 성윤 씨에게 지나치게 아들에게 지는 역할을 하지 말라고 요구했다. 아이가 아버지를 때리는 행위는 아버지는 '약한 사람'으로 인식한다는 뜻이고, 아버지가 그대로 수용하면 아들은 실망과 불안, 두려움을 느낀다.

성윤 씨의 아들은 아버지를 거부하는 행동과 더불어 어머니, 즉 성윤 씨의 아내가 가진 분노까지 더해서 아버지에게 공격적인 행동을 하고 있었다. 성윤 씨는 전통적인 한국 사회에서 존재했던 엄격한 아버지는 아니었다. 거기에서 더 나아가 성윤 씨는 아들과 같이 있는 상태 자체로도 긴장했으며 자신감이 떨어진 모습이었다.

치료 과정에서 성윤 씨의 아들은 아버지가 지는 역할을 하지 않자 화를 내며 아버지를 공격했다. 나는 성윤 씨에게 아들이 공격할 때 아들에게 아부하거나 사과하지 말고 이 상황이 불편하다고 표현하도록 시켰다. 성윤 씨는 아무 말도 하지 않고 가만히 앉아 아들을 지켜보았다. 아이는 성윤 씨의 달라진 태도에 긴장했다. 평상시 성윤 씨라면 자신의 눈치를 보고 비위를 맞추려는 수동적이고 약한 모습을 보였을 텐데, 단호함과 일관된 감정을 표현했더니 놀란 눈치였다. 그런데 잠시 뒤에 아들은 아버지에게 매달렸다.

단호한 아버지의 모습을 본 아들은 오히려 아버지에게서 떨어지려고 하지 않았고 계속해서 같이 놀고 싶어 했다. 아들의 모습을 지켜보던 성윤 씨 부부는 아이의 반응에 놀랐다. 이날 성윤 씨는 아들과의 관계 회복은 단지 비위를 맞춰 주려는 자세가 아닌 아버지로서의 권위를 유지하면서 관계를 맺어야 이뤄진다는 사실을 깨닫게 되었다.

| 존경받는 남편, 존경받는 아버지 |

아들에게는 아버지가 절대적으로 필요하다. 지난 수천 세대를 거치며 아버지가 아들에게 보여 주었던 모습은 가족을 지키고 울타리가 되어 주던 강인함이었다. 오랜 역사를 이어온 아버지의 모습은 아들의 유전자 속에 각인되어 왔다. 이러한 모습을 확인하면 아들은 아버지에게 관심을 보이고 편안해한다.

요즘 젊은 아버지들은 소위 아이와 잘 놀아 주는 '친구 같은 아빠'이다. 이전 세대의 아버지와는 달리 아이들과 기꺼이 잘 놀아 주고, 권위적이지 않다. 아이와 수평적 관계를 형성하여 자연스럽게 아들과 아버지는 친구 관계가 된다. 사실 요즘 아이들은 이전 세대와는 달리 형제가 별로 없고, 집 밖으로 나가면 언제든지 놀 수 있는 친구들도 없다. 친구들과 놀려면 약속 장소를 잡아야 하고 시간을 서로 맞춰야 한다.

　그렇기에 더욱 아버지가 아이의 친구가 되어 주는 일은 필요하다. 하지만 아들과 아버지는 '진짜 친구 사이'일 수는 없다. 단지 친구처럼 편하고 다정한 사이일 뿐이다. 이전 세대의 아버지처럼 권위 의식을 갖는 일은 불필요하지만, 아버지 역할에서 자연스럽게 주어지는 권위마저 버려서는 안 된다.

　아이는 자신의 생존을 보호해 주는 아버지를 원한다. 아들이 자신을 지켜 주는 든든한 아버지를 포기한다고 생각하면 안 된다. 친구 같은 아버지와 가족을 지키는 권위 있는 아버지 사이에 적절한 균형이 필요하다.

　아들에게 인지시켜 주는 강한 아버지는 성질이 세고, 거친 아버지와는 거리가 멀다. 어머니를 편하게 해 주면서 든든한 남편 역할을 잘하는 아버지이다. 요즘 말로 표현하면 아내에게 '리스펙' 받는 아버지이다. 아내에게 존경받는 남편이라니, 몹시 어려운 일임이 분명하다.

오이디푸스의 시기에 아들은
본능적으로 아버지를 향한 적대감을 갖는다.
이때 부부 관계가 안 좋아 어머니가 아버지를 거부하고 미워하면
아들은 더욱 아버지를 거부한다.

그럼에도 어머니에게 존경받는 아버지는 아들의 존경과 사랑의 대상이 된다. 왜냐하면 아들과 아버지 사이에는 언제나 어머니가 있기 때문이다. 어머니가 아버지에 대해 느끼는 감정과 생각은 아들에게 옮아간다. 아버지의 강함은 단지 본인의 능력과 힘만이 아니다. 아내와의 관계에서 만들어진 힘이라는 사실을 기억해야 한다.

남자가 치러야 할 통과의례

아버지와 아들 사이에 있는 어머니의 이야기를 오이디푸스 이야기로 더 풀어 보자.

대표적인 비극의 주인공 오이디푸스는 태어나기도 전에 예언자로부터 아버지를 살해하고 어머니와 결혼하게 될 운명을 신탁 받았다. 오이디푸스는 의도하지 않았지만 나중에 실제로 그 운명을 실현하게 된다.

오이디푸스는 평범한 사람이 아니었다. 테바이 왕국을 괴롭히던 스핑크스를 물리친 영웅이었다. 스핑크스는 오이디푸스에게 "아침에는 다리가 네 개, 낮에는 두 개, 밤에는 세 개, 이것은 무엇인가?"라는 수수께끼를 내었고, 오이디푸스는 "인간이다"라고 대답해 스핑크스를 물리쳤다. 스핑크스를 물리친 비범한 영웅이었지만 그의 부모는 비극을 피하기 위해 그를 버렸다. 그러나 가혹한 운명은 결국 그를 신탁의 내용처럼 아버지를 죽이고 어머니를 아내로 삼도록 한다. 오이디푸스는 이 사실을 알고 자기의 눈을 스스로 찌르고 방랑자의 삶을 살아간다.

고대 그리스인들은 비극적인 오이디푸스 왕의 삶을 통해 인간에게 주어진 비극적 운명과 삶의 한계를 인식했을 것이다.

이러한 오이디푸스라는 인물을 통해 오이디푸스 이론을 만든 학자가 바로, 지그문트 프로이트Sigmund Freud이다.

프로이트는 오이디푸스 신화를 통해 아들은 어머니를 둘러싸고 아버지와 경쟁 의식을 가지며, 이러한 갈등은 아들이 아버지와 관계에서 반드시 치러야 할 통과의례라고 생각했다. 프로이트는 마치 오이디푸스 왕이 자신의 비극적 운명을 피할 수 없듯이 아들도 아버지와 어머니 사이의 삼각관계에서 발생하는 갈등을 피할 수 없다고 여겼다.

아버지와 어머니, 아들 사이의 삼각관계 속에서 발생했던 비극적인 운명은 오늘날 오이디푸스의 시기를 살아가는 아들에게도 신화 속 영웅 오이디푸스의 처지만큼 고통스러운 운명의 굴레이다.

| 오이디푸스 신화의 종착역 |

오이디푸스 신화는 아버지와 아들의 관계는 어머니와 아들의 관계와는 다른 관계성을 띰을 보여 준다. 아들은 한때 어머니의 뱃속에서 어머니와 한 몸이었고, 여전히 한 몸의 관계를 갈구한다. 하지만 아버지와 아들은 한 몸이었던 때가 없다. 비록 유전적으로는 아버지와 이어지지만, 단지 어머니와의 관계를 통해서 형성된 관계일 뿐이다. 만일 어머니가 아버지를 거부하면 아들과 아버지의 관계는 위태로워진다.

상담을 받으러 왔던 어떤 아버지는 자기 아들이 자신을 너무 싫어하고 노골적으로 아내를 자기 것으로 여기는 태도를 보여서 화가 난다고 했다. 아무리 어린아이라도 계속해서 아버지를 밀어내고 거부하면 아버지 입장에서 불편하고 화가 날 수밖에 없다.

오이디푸스 시기를 거쳐서 본능적으로 아버지를 거부하는 아들일지라도 계속해서 거부할 수는 없다. 가족 안에서 또 다른 중심축인 아버지도 필요하기 때문이다.

아들은 아버지를 싫어하고 밀어내고 싶지만 그러한 공격성을 숨겨야 한다. 그러면서도 아버지의 관심과 사랑도 좋아해야 한다. 재미는 없지만 필요한 존재, 싫지만 좋은 존재라는 양가적 감정에 노출되면서 결국은 성장하게 된다. 이러한 양가적 감정은 앞으로 형제 관계, 또래 집단 등 사회적 관계를 경험할 때 꼭 필요한 능력이다.

이 시기를 지나 아들이 아버지를 거부하지 않고 아버지와 경쟁하지 않으려는 자세를 가지면 심리적으로 편안해진다. 이는 아버지를 죽이고 어머니를 취한 오이디푸스의 비극적 운명에서 벗어나는 단계를 의미한다. 그 결과 아들은 어머니와 아버지의 삼각관계에서 벗어나서, 어머니와 더불어 아버지의 돌봄과 보호를 받아들이게 된다. 그런데 아들이 계속해서 아버지를 거부한다면 그것은 아들만의 문제가 아니다. 아버지의 문제다. 아버지가 어머니를 힘들게 하고 아들에게 별 관심도 보이지 않고 냉정하며 실제로 어머니와 아들을 힘들게 하는 존재일 때 아들은 계속해서 아버지를 거부한다. 이러한 상황이 지속되면 아버지와 아들의 관계는 더욱 나빠질 것이다.

오이디푸스 갈등 속에서 아들은 아버지를 경쟁자로 여기고 거부하는 태도를 보이거나 반대로 적대적인 감정에 대해 겁을 느끼고 오히려 아버지에게 지나치게 복종하는 자세를 취할 수 있다. 이러한 비극적인 운명으로 떨어질 수 있는 아들을 아버지는 어떻게 도와줄 수 있을까?

오이디푸스 갈등에서 벗어나는 방법은 우선 아들과 화해하고, 아들이 아버지의 사랑과 관심을 받아들이도록 만드는 것이다. 그다음은 아들이 아버지를 향한 지나친 두려움을 벗어나게 만드는 것이다. 아들이 오이디푸스 갈등에서 벗어나기 위해서는 아버지의 도움이 필요하다. 예를 들면, 아내와 함께 육아에 적극적으로 참여하면서 놀이와 접촉으로 아들에게 사랑과 돌봄의 느낌을 주는 것이다. 이렇게 아들이 오이디푸스 시기를 안전하게 넘어갈 수 있도록 돕는 아버지가 필요하다.

| 결국에는 성장을 위한 과정 |

프로이트는 피할 수 없는 비극적 운명인 오이디푸스 신화와 현대인을 연결했다. 오늘날 다양한 정신적 증상을 가지고 고통받는 사람들을 '현대판 오이디푸스'라고 말한다. 마음의 문제로 고통받는 사람들은 불행한 운명 그 자체를 나타내는 또 한 명의 오이디푸스인 것이다. 그만큼 비극적인 고통에 처했다는 상태를 의미한다.

오이디푸스 콤플렉스는 아들에게는 고통스럽지만 성장을 위해서는 반드시 필요한 과정이다. 이러한 갈등을 거쳐야 아들은 비로소 어머니에게서 벗어나는 여정을 시작할 수 있다.

아들이 얼마나 독립과 분리, 성장하는지를 나타낼 수 있는 지표는 바로 어머니와의 관계이다. 어머니와 지나치게 밀착 관계를 형성하면 독립된 자아의식을 가진 한 성인으로 건강하게 성장하는 데 방해된다. 반대로 어머니와 너무 거리가 멀면 애착 장애와 애정 결핍의 고통 속에서 건강하게 성장하기도 어렵다. 모순적이게도 아들과 어머니의 관계에서 균형을 잡아 줄 수 있는 존재가 바로 아버지이다. 가끔 어린 나이에도 생각과 행동이 한쪽으로 지나치게 편중되고 불균형적인 모습을 보이는 사람이 있다. 그 사람에게 균형을 잡아 주는 아버지의 역할이 결핍되었음을 뜻한다.

오이디푸스 갈등을 잘 극복한 아들은 아버지를 받아들이고, 어머니와 균형 잡힌 관계를 맺을 수 있다. 그러면 아들은 독립된 자아의식을 가지고 한 인간으로서 멋지게 성장할 것이다.

아들과
아내 사이에
나

내 아들의 어린 시절에 나는 아들과 아주 가깝게 지내려고 했다. 그런데도 아들은 아빠에게 오려고 하지 않았고, 유난히 아내와 떨어지려고 하지 않아서 나는 육아의 보조자로 역할을 했다. 아들에게는 확실히 나를 향한 경쟁 의식이 있었고, 아내를 자기가 독점하려고 했다. 아들은 자신의 방에서 혼자 자지 않고, 우리 부부의 침대 가운데서 자면서 한순간도 어머니를 빼앗기지 않으려는 모습을 보였다. 오이디푸스 콤플렉스 이론을 실제 경험한 순간이었다.

아들은 6세 무렵에 드디어 나와 놀기 시작했다. 아들은 나와 노는 시간을 좋아하면서부터 어머니만이 아닌 아버지도 자기에게 꼭 필요한 존재라고 인식하는 듯했다. 이때 아이와 놀아 주고 함께 이야기를 많이 했던 것이 큰 도움이 된 듯하다.

우리 모두는 어머니에게 최초의 사랑의 감정과 성적 욕구를, 그리고 아버지에게는 최초의 증오와 공격적인 욕구를 갖도록 운명 지어진다. 사랑과 증오를 부모에게 동시에 느껴야 하는 아들은 쉽지 않은 양가적 갈등을 극복해야 한다.

이러한 양가적 갈등 속에서 아들은 어머니와는 달리 아버지와는 처음부터 둘만의 끈끈한 애착을 형성하기 어렵다. 아들과 아버지 사이의 진정한 애착은 아들이 오이디푸스 시기가 끝나는 사춘기 이후부터 시작된다.

태초부터 아버지와 아들 사이에는 어머니가 있다. 어머니는 둘 사이의 중재자이면서 둘을 통제할 수 있는 입장이다. 아들과 아버지 사이를 잇는 중재자로서 어머니의 역할이 크다.

아들과 사이가 좋은 아버지는 아내와도 사이가 좋은 아버지일 가능성이 높다. 어머니가 된 여성은 아기하고만 있을 때보다 남편이 옆에 있을 때 아기에게 더 자주 다가가고 더 자주 웃어 주는 경향이 있다고 한다.

| 삼각관계 속 희생자 |

20대 초반의 대학생 준수는 전형적으로 어머니와 아버지 사이의 삼각관계에 놓인 자녀이다. 준수가 어릴 때는 아버지 때문에 힘들어 하는 어머니 편이었지만 성인이 되니, 아버지도 힘든 점이 보여 누구의 편을 들어야 할지 고민에 빠졌다.

준수는 어머니가 없을 때 아버지와 다정하게 대화를 나누다가도 어머니가 집에 들어오면 눈치를 보고 아버지에게 보였던 다정한 모습을 거두었다. 준수의 아버지가 최근 직장에서 힘든 일이 생겨서 많이 어려워했는데, 고민을 잘 귀담아 듣지 못해서 아버지에게 미안하다고 했다.

인간은 두 사람 사이에서 문제가 생기면, 본능적으로 두 사람 사이에서 문제를 풀기보다는 제삼자를 끌어들여 해결하려 한다. 이러한 삼각관계를 맺으려는 자세는 인간의 무의식적 차원에 속한 행동 패턴이다.

갈등하는 어머니와 아버지 사이에서 혼란스러워하는 준수의 사례는 그래도 양호하다. 준수는 적어도 어머니만이 아닌 아버지에 대해서도 긍정적인 부분을 받아들이고 있기 때문이다. 진짜 문제는 갈등하는 어머니와 아버지 사이에서 오직 어머니 편만 드는 아들이다. 이는 삼각관계에 지나치게 깊숙이 휘말린 경우이

우리 모두는 어머니에게
최초의 사랑의 감정과 성적 욕구를,
그리고 아버지에게는 최초의 증오와
공격적인 욕구를 갖도록 운명 지어진다.

다. 가족 안에서 발생하는 많은 문제를 가진 남자들이 바로 여기에 속하는 사람들이다. 어머니 편을 일방적으로 드는 아들의 인생은 평탄하지 않다. 보통 부부 문제, 자녀 문제, 고부 갈등, 직장을 비롯한 대인 관계에서 고통받는다.

그것은 아들이 아버지와 어머니 사이에서 벌어진 불균형한 관계의 희생자이며, 아버지와 관계를 맺을 기회를 차단당하고 어머니의 지나친 영향력과 통제 속에서 살아야 했기 때문이다. 어머니가 고생하고 힘들어 하고 고통스러워하는 모습만으로도 충분히 아들은 일방적으로 어머니 편을 들 수 있다. 이러한 아들에게는 아버지 역할뿐만 아니라 아버지 존재 자체가 거부된다. 아버지는 무능하고, 한심한 남자로 인식된다. 그저 어머니를 힘들게 하는 남자일 뿐이다. 아버지를 어머니가 가진 프레임으로만 본다. 프레임 안에서 아버지는 불행한 가정을 만든 장본인이 된다. 이는 아들의 인생에 너무나 큰 부작용을 불러일으킨다. 아들은 아버지로부터 물려받아야 할 정서적 유산을 받지 못한 채 아버지가 되기 때문이다.

아버지만이 아들에게 줄 수 있는 단단한 연대감과 자신감, 여성과 관계를 맺는 방식을 포함한 다양한 사회적 관계의 기술이 있다. 인생에서 꼭 필요한 집단생활, 사회생활, 가족 관계, 부부 관계, 자녀 관계 등 아버지로부터 배울 수 있는 것이 많다. 어머니와 아버지 사이에서 균형이 잡힌 관계를 맺은 사람이 건강한 자존감을 형성하게 된다. 따라서 아들이 건강한 자존감을 형성하기 위해서는 어머니와 아버지 두 사람의 건강한 관계가 꼭 필요하다.

| 삼각관계에서 벗어나는 길 |

분석 심리학자 마리-루이제 폰 프란츠^{Marie-Louise von Franz}는 어머니에게 지나치게 매인 남성을 이렇게 설명한다.

> 이들은 자신을 품어 주고 모든 욕구를 채워 주는 어머니 같은 여성을 끊임없이 갈망한다. 또한 이들은 일반적으로 사회에 적응하는 데 큰 어려움을 가진다.
> 이런 사람은 올바른 직업을 찾기도 힘든데, 무엇이 되든 결코 딱 마음에 들어 하지 않고 언제나 뭔가 거슬린다. 여성을 사귈 때도 정말 마음에 드는 딱 맞는 사람을 만나지 못한다. 착하지만, 상냥하지만, 좋은 스펙을 가졌지만, 언제나 '하지만'이 나오며 불평을 한다.
> 이런 남자에게 가장 두려운 것은 무언가에 묶이는 것이다. 어머니에게 매인 남자는 역설적으로 무언가에 묶이거나 구속받

는 것을 극도로 싫어한다. 자신을 묶는 것이 시간, 공간, 여성, 관계 등 다양할 수 있으며, 이러한 것으로부터 구속되지 않으려고 현실에서 거리를 두려고 한다.

아버지가 없었기에 그러한 행동을 하게 된 것이다. 여기서 말하는 아버지가 없다는 말은 '고아'를 의미하지 않는다. 아버지는 있지만 지나치게 어머니만 편들어 어머니의 지나친 영향력 속에서 살아온 아들을 말한다.

이러한 아들은 어머니의 지나친 영향력과 통제 속에서 살아야 한다. 아버지의 역할과 존재는 미미하다. 어머니와 아버지 사이의 삼각관계 속에서 어머니에게 매인 아들은 본인의 의지라기보다 어머니의 의지로 떠나가지 못한다. 아들은 이러한 어머니로부터 벗어나기 힘들고, 아버지의 역할이 없는 상태에서 어머니가 주는 따뜻한 둥지에 머무는 경향을 보인다.

폰 프란츠는 어머니에 매인 아들이 증상에서 벗어나기란 쉽지 않지만 해결 방법이 있다고 말했다. 바로 '일'이다. 남자는 일하며 어머니에게 지나치게 매이는 증상으로부터 벗어나서 어린 아들에서 성인 남자로 변할 수 있다고 한다. 자신의 흥미와 에너지를 쏟을 수 있는 일을 갖게 되면, 어머니와 아버지가 만든 불균형 때문에 생긴 증상으로부터 스스로를 지킬 수 있다는 것이다. 그렇기에 아들은 자신이 열중할 수 있는 일을 찾아야 할 평생의 숙제가 있다.

어머니와 아버지 사이에서 벌어진 관계를 아들이 메꿀 수는 없다. 모든 것은 어머니와 아버지의 사이에서 벌어진 일이다. 비록 아들이 그들의 관계를 바꾸고 개선할 수는 없지만, 객관적으로 부모를 볼 수 있어야 한다. 갈등하는 부모 사이에서 벗어나서 부모의 인생과 관계를 객관적 시각에서 바라보아야 한다. 그러면 지나치게 한쪽으로만 편중되고 불균형적인 생각과 감정을 조정할 수 있다. 그렇게 마음속에 잠재된 분노, 죄책감, 수치심의 고통에서 거리를 두며 벗어나게 된다.

2장

"전하지
못했던 마음이
있었다"

아버지의 결핍에 대하여

아버지는 어머니보다 더 얼굴 볼 새 없이 바쁘셨다.

아침에 일어나기도 전에 일하러 나가셨고,

잠이 들어야 들어오셨다.

열심히 일하는 게 당연한 시절이었지만,

김 부장은 자신도 모르게

아버지의 모습을 그대로 따라 하고 있었던 것이다.

《서울 자가에 대기업 다니는 김 부장 이야기》 중에서

그 시절은
왜 그토록
어려웠을까

많은 사람들을 상담하며 나는 아버지와 어머니가 보이는 도저히 이해할 수 없는 행동 뒤에는 언제나 과거의 어려움과 상처가 있음을 수없이 지켜보았다. 자녀를 이해하지 못 하는 부모의 원인을 아무리 찾으려 해 봤자 발견하기 쉽지 않다. 왜냐하면 그 원인이 현재가 아니라 부모의 과거 속에 존재할 가능성이 크기 때문이다.

나도 20대 시절 아버지에게서 도저히 이해되지 않는 부분을 보았다. 아버지를 보며 '왜 지렇게 행동하실까?'라는 의문을 항상 가졌다. 아버지는 합리적이고 이성적인 분이었지만, 어떤 부분에서는 아니었다. 나중에 그것이 아버지의 어린 시절의 문제와 연결

된다는 사실을 알게 되었다.

트라우마 전문가인 미국의 심리학자 반 데어 콜크$^{Van der Kolk}$는 가축 우리 안에서 전기 충격을 받아 트라우마를 겪은 쥐들은 전기 충격이 멈추고 우리의 문이 열려도 전기 충격을 받던 장소를 떠나지 못하는 모습을 관찰했다. 쥐들은 마비된 듯 움직이지 않고 그 자리에 가만히 있었다. 이를 인간에게 적용하면 트라우마를 겪는 증상으로 말할 수 있다.

전기 충격이 멈추고 고통이 사라져 그 자리를 떠날 수 있는데도 꼼짝 못 하고 그 자리에 머무는 쥐처럼 인간이 트라우마에 마비되면 무척 무기력하게 대응한다.

상처를 겪은 사람은 몇 십 년이 지나도 아물지 않는 경우가 많다. 언뜻 과거의 상처받은 경험과 무관해 보이는 데도 격한 감정을 드러내는 반응도 알고 보면 트라우마와 연관되어 있다.

| 트라우마의 후폭풍 |

광수 씨는 아내와 극심한 갈등을 겪고 있다. 아내와 부부 싸움이 일어나면 광수 씨는 아내의 어떤 말에도 반응하지 않았다. 마치 존재하지 않는 사람처럼 행동했다.

광수 씨는 평상시 가정이나 직장에서 자신감이 부족해 보이고 매사에 수동적인 태도를 보였다. 부부 사이에서도 긴장과 갈등이 생기면 스스로 투명 인간이 되어 버렸다. 그럴수록 아내는 지쳐 갔고, 갈등 속에서 아이들은 혼란스러워했다. 광수 씨 아이들은 광수 씨를 좋아하고 늘 따랐기에, 이것은 부부만의 문제가 아니었다. 아버지의 무기력한 모습에 아이들은 아버지를 어떻게 대해야 할지 고민스러웠다.

광수 씨를 상담하면서 그에게 깊은 상처가 있음을 알게 되었다. 광수 씨는 중학교 시절 반에서 왕따를 당해 고통스러웠던 경험이 있었다. 아버지와 어머니는 광수 씨의 어린 시절, 생계를 위해 너무 바빴다. 두 분은 맞벌이를 했고 광수 씨는 그런 부모에게 자신의 문제를 말할 수 없었다. 그가 할 수 있는 일은 그저 참고 버티는 일뿐이었다.

고등학교에 진학하면서 왕따에서 벗어났지만 그는 여전히 왕따를 당할 때처럼 수동적이고 무기력하게 지냈다. 자신의 존재를 나타내지 않고 아이들 사이에서 숨었다. 친구도 없고 활력도 없고 재미도 없는 생활이었지만 덕분에 안전했다. 아이들 눈에 띄지 않는 자세는 그를 안전하게 만들었지만 그를 오랫동안 왕따의 후유증에 갇혀 살게 했다. 광수 씨 인생의 성장을 가로막았다.

아내는 광수 씨가 어린 시절에 당한 트라우마를 전혀 몰랐다. 광수 씨가 말하지 않으니 단지 남편이 내성적인 성격이라고만 알았다. 이러한 소통의 부재가 갈등을 불러왔다.

건강한 부부 관계를 맺기 위해서는 부부가 서로의 상처에 대해 먼저 알고 해결하는 방법이 있다. 아내는 상담을 하며 광수 씨가 가진 트라우마와 남편이 선택한 삶을 알아가면서 조금씩 그를 이해하려고 했다. 덕분에 광수 씨는 조금씩 세상 밖으로 나왔다. 정확하게 말하면, 지금의 광수 씨가 아니라 왕따를 당하던 중학교 시절의 광수 씨가 빠져나오기 시작했다.

그동안 광수 씨는 중학교 시절 받았던 트라우마에서 벗어나지 못했다. 이러한 일은 아주 오래전에 발생했기에 주변 가족이나 본인 스스로도 자각하지 못하는 경우가 많다. 회복의 시작은 트라우마를 알고 이해하려는 노력이다. 그것은 자기 자신만이 아닌 주변 가족들도 마찬가지이다.

트라우마 때문에 문제가 나타나거나 그로 인해 심각한 위기로 치닫는데도 당사자는 알아차리지 못하거나 아예 인정하지 않으려고 한다. 이러한 경향은 여자보다는 남자에게서 더 자주 목격된다.

트라우마는 일상 속에서 끊임없이 트라우마의 기억을 재생산시킨다. 이것이 '플래시백(Flashback)'이다. 기억, 장면, 냄새, 소음 등 한 파편만으로도 트라우마의 기억을 일깨울 수 있다. 의도치 않게 트라우마가 부지불식 간에 떠오르면 과거에 경험한 공포, 두려움, 무기력, 불안 등이 썰물처럼 순식간에 밀려 든다. 현재 상황은 과거의 트라우마를 일으켰던 상황이 전혀 아닌데도 몸과 마음이 얼어붙는다.

배우자나 부모의 이러한 행동이나 성격이 싫은데, 갈등을 만들고 싶지 않아서 입 밖에 내지 않고 참고 살아가도 문제가 발생한다. 둘 사이에 긴장이 생기고 누적되면 사소한 불만이 의도치 않게 크게 불거진다. 그러면 사소한 일로 계속해서 싸우게 된다. 작은 말다툼은 그동안 참아왔던 감정을 금방 터져나오게 하고 현실의 문제보다 더욱 과장된 감정과 생각이 섞여 관계가 더욱 어려워진다. 상처는 강력한 반복성을 갖기 때문이다.

그렇기에 아버지가 트라우마를 가졌는지 아닌지 이해하는 것은 중요하다. 아버지로서 아버지가 아닌 한 인간으로서 아버지를 알아가는 과정이기 때문이다. 아버지의 상처는 여기서 아주 중요한 정보이다.

트라우마처럼 생명을 위협하는 갑작스러운 사건, 재난, 소중한 사람을 잃는 상실, 폭력 등과 같은 외형적으로 드러나는 상처 외에도 정서적 학대(언어적 학대, 아이의 능력을 벗어나는 지나친 요구와 비합리적인 요구를 하는 것, 아이를 지나치게 통제하는 것, 정서적으로 아이를 숨 막히게 하는 것, 특별한 이유 없이 아이의 요구를 거부하거나 정서적으로 아이를 버려두는 것)도 상처에 포함된다. 방임처럼 잘 드러나지 않는 트라우마 역시 마찬가지이다.

이러한 상처가 만드는 후유증은 대단히 많다. 다시는 똑같은 상처를 받지 않으려고 자신의 몸을 고슴도치처럼 둥글게 만들어 방어한다. 상처를 받지 않으려는 전략이 역설적으로 상처의 후유증을 연장시킨다. 또다시 상처를 받을 수 있다는 두려움 때문에 타인을 신뢰하지 못 하고 자기 존재를 드러내지 못하는 수동적 사람으로 만든다.

| 아버지는 도대체 누구인가 |

사람들과 대화를 하다 보면 생각보다 사람들이 자신의 아버지에 대해 별로 아는 바가 없다는 사실에 놀란다. 우리는 왜 아버지를 잘 모를까?

아버지는 과묵하다. 자신이 걸어온 인생에 대해 자식에게 이야기하지 않는다. 침묵을 지키는 가족 분위기에 따라 아버지나 어머니의 과거나 어린 시절에 대해서 말하는 것이 금기되기도 한다. 서로 잘 모른 채 살아가면서 정작 문제가 생겼을 때 전혀 이해하지 못하고 지나간다. 침묵과 억압은 고통을 연장시킨다.

가족들은 아버지가 이해되지 않아서 화가 나고 그만큼 고통스러운 감정을 느낀다. 아버지가 하는 말과 행동이 이해가 되지 않는다. 그렇게 아버지와 악화된 관계를 유지한다.

아무리 아버지와 아들의 관계라도 결국은 인간의 상호적인 관계이다. 한쪽의 일방적인 작용만으로는 관계가 어렵다. 악화되어 가는 관계를 그저 두고만 보면서 사이가 멀어졌다면, 두 사람 모두가 원하는 방향으로 흐른 결과이다.

아버지를 이해하려면 아버지가 겉으로 행동하고 말하는 모습에 집중하기보다 그의 인생에 관심을 가져야 한다. 그러면 보이지 않던 아버지가 비로소 보일 것이다. 특히 아버지가 가진 상처가 무엇인지, 그 상처가 아버지에게 얼마나 강하게 오랫동안 내재되었는지 알게 된다.

앞서 상담을 받았던 광수 씨의 아내도 남편의 이해할 수 없는 행동이 자신을 향한 무시와 분노인 줄로만 알았다가 그것이 과거에 경험했던 트라우마의 후유증이라는 사실을 알았다. 그러자 남편의 행동을 감정적으로 받아들이는 마음에서 벗어나게 되었다. 광수 씨도 자신이 힘들 때, 부모 역시 경제적으로도 가장 힘든 시기를 보냈다는 사실을 이해했다. 사는 데 정신이 없어서 아들인 자신을 돌보지 못했던 부모의 마음을 헤아리게 되었다.

아버지와 소통이 어렵고, 도저히 아버지를 이해할 수 없다고 호소하는 자녀들에게 이러한 말을 전하고 싶다.

"우리는 아버지가 살아온 인생에 대해서 알아야 합니다. 특히 당시 어떤 어려움이 있었는지 살펴보세요. 도저히 이해 안 되는 아버지의 행동은 아버지가 겪은 과거의 어려움, 상처와 연결되어 있습니다. 이것을 깨닫게 되면 비로소 아버지와 소통할 수 있는 첫걸음을 뗀 것입니다."

비록 지금 당장 속 시원하게 답을 찾지 못하고, 아버지를 용서할 수 없더라도 기다려 보자. 과거에 깊은 상처를 받았고, 이를 해결하지 못하고 살아온 아버지의 전체 인생을 바라보는 시각을 가져 보자. 아버지를 이해하게 되는 접촉점을 분명 발견할 수 있을 것이다.

아내와 아들을
질투하는
남자

오늘날 사회적 기술이 부족해 보이는 남자들이 눈에 많이 띈다. 많은 부를 축적한 남자가 정작 자신감이 부족하고 사회 안에서 어떻게 관계를 맺고 자신을 정의해야 할지 어려워하는 모습을 보인다. 무리 안에서 서열을 형성하고 힘의 균형을 유지하는 법을 모르고 말 그대로 자폭하듯 포기하거나 회피하려고 한다. 자신의 입장과 주장을 펼치기에는 자신감이 없고 불안하다. 자기 정체성을 유지하거나 무리의 정체성을 받아들이지 못하고 언제나 겉돈다.

이들은 사회 안에서 권위자와 어떻게 관계를 맺고 행동해야 할지 혼란스러워한다. 뿌리 깊은 열등감과 부족한 자신감 때문에 자신의 능력을 잘 발휘하지 못하고 고통을 받는다. 여자들과 관계를 맺는 일은 편하고 어렵지 않은데 남자들과는 경직되고 어려워한다. 이들 모두는 아버지와 어떤 식으로든 문제를 가진 남자들이다. 나 역시 아버지와 관계에서 발생할 수 있는 문제를 안고 청춘을 보냈다. 아마 이렇게 아버지와 관계를 맺은 아들이 많으리라 생각한다.

아버지의 역할을 다하지 못하는 아버지는 유형 중에 '질투하는 아버지', 즉 애정 결핍을 가진 남성이 있다. 그들은 아내와 아들 사이를 질투하고, 아내로부터 도리어 보살핌을 요구한다. 어떤 사람은 정말로 아버지가 그럴 수 있냐고 되물을 수 있지만, 정말 있다. 이러한 아버지가 가정에 있을 때, 아내 입장에서는 아들이 둘이 되니 곤란하다.

아들의 입장에서 아버지는 자신을 돌보는 부모가 아닌 경쟁자가 된다. 어머니가 아들을 돌보는 모성적 행동에 대해 아버지가 질투와 시기심으로 보기에 갈등이 빈번해진다.

아내와 동등한 부부 관계도 어렵다. 아내는 그의 어머니가 된다. 어머니에 대한 의존과 애정에 대한 욕구가 아내에게로 향한다. 이런 경우 아내는 무의식적으로 남편의 부모 역할까지 수행해야 한다.

애정 결핍을 가진 남성은 자신이 경험해 보지 못한 좋은 부모 역할을 아내에게 요구한다. 의존적이고, 변덕스럽고, 이기적인 행동은 남편의 인격적인 부분이라기보다는 결핍감이 만들어 내는 증상이다.

| 애정 결핍의 악순환 |

어린 시절, 충분한 애정을 경험하지 못했던 사람은 사랑할수록 사랑으로부터 도망치려고 하고, 사랑 자체를 거부하고 억누르려고 한다. 사랑하지만 사랑을 어떻게 해야 할지 모르고, 감정이 배제된 채 행동해서 상대에게 상처를 준다. 애정의 모순이다.

결혼하고 나서 부모에게 받지 못했고, 감히 요구할 수 없었던 사랑을 아내에게 요구해 아내를 힘들게 만든다. 결핍된 사랑에서 올라오는 요구는 만족될 리 없고, 언제나 충분히 채워지지 않아 부족과 허기를 느끼게 만든다. 그럴수록 상대방에게 더욱 강요하고 비난을 서슴지 않기에 부부 갈등은 깊어지며 자녀에게 충분한 사랑을 주지 못한다. 자신이 아버지에게 물려받았듯이 애정 결핍의 악순환은 자식에게 대물림된다.

애정 결핍을 가진 아들이 결혼히고 아버지가 된다면, 겉으로는 애정 결핍을 파악하기 어렵다. 애정 결핍이 있지만 사회적으로나, 직업적으로 성공하고 대단히 좋은 대인관계를 유지할 수도 있기 때문이다. 하지만 애정 결핍의 문제는 세상에서 가장 친밀한 관계, 즉 아내와 자녀의 관계에서 드러나기 마련이다.

사랑이 무엇인지 모르기 때문에 사랑을 주지 못하는 아버지와 남편이 된다. 아버지가 어린 시절에 받은 애정 결핍의 상처는 평생을 따라다니며 부정적인 그림자를 드리운다. 자존감은 낮아지고 자기 정체성을 건강하게 형성하기 어렵기에 삶은 위태롭고 고통과 혼란의 연속이다. 상처받은 마음은 마음의 문을 걸어 잠그게 만들고 겉으로는 아무 문제 없이 살아가는 듯하지만 올바르게 현실을 인식하는 능력이 부족하고, 자연스럽게 인간관계를 맺지 못하여 어려움을 겪는다.

애정 결핍 때문에 아내와 아들의 관계를 질투하는 아버지를 한마디로 표현하면 '욕구덩어리 아버지'이다. 아내와 아들 사이를 질투하는 마음에는 결핍된 욕구가 있으며, 어린 시절의 결핍을 해결하려는 욕구가 있다. 아내에게 지나치게 의존하고 집착하다가 집착의 대상은 점점 범위가 넓어진다. 예를 들어, 어린 시절 허용되지 못했던 놀이기구에 빠지거나 연애, 게임, 운동 등 다양한 것에 몰입해서 내면에 여전히 존재하는 결핍감을 해소하려고 한다.

성장 과정 속에서 자연스럽게 생기는 욕구를 과거에 기회가 없어서 해소하지 못했다면, 성인이 된 자신을 위해 보상하듯 탐닉한다. 그런데 문제는 더는 어린아이가 아니라는 사실이다. 한 집안의 가장이고 아버지이고 남편이다. 가족 안에서 이러한 모습은 대단히 불안정하게 비칠 수 있다. 아내는 불만이 가득하고 자녀들은 불안해서 아버지를 거부할 수밖에 없다. 결국 가족과의 관계에 심각한 긴장을 유발한다.

언제나 자신의 욕구를 해소하는 일이 최우선인 아버지를 가족들이 존중할 수 있을까? 당연히 불가능하다. 이런 사람은 아내와 자녀들에게서 고립되고 혼자가 된다. 자식은 계속해서 아버지와 같이 살려면 아버지에 대해 무관심해지는 방법밖에 못 찾는다. 무관심은 가족 안에서 발생하는 긴장과 갈등을 완화시키는 기능을 하지만 가족 관계는 대단히 어렵게 된다.

어떤 일로 과거의 상처나 결핍을 건드리면 과거에 충족되지 않은 욕구와 기대가 현실로 연결되어 현실을 올바르게 인식하기 어렵다. 무언가에 대한 과도한 집착은 충족되지 않은 채 과거에 가졌던 기대나 실망감을 해소하기 위해 열정을 다한다. 이렇게 되면 현실에서 이뤄지는 모든 관계는 과거와 현재에서 벌어지는 일로 뒤섞인다.

만약 모자관계를 질투하는 아버지라면, 그 아버지는 '믿음직한 아버지'라는 인상을 줄 수 없다. 아들에게 아버지는 그저 불안정하고 이해할 수 없는 존재로 느껴진다. 아들은 아버지에게 친밀감보다는 거리감을 느낀다. 이런 경우 아버지와 아들의 관계는 무늬

어린 시절, 충분한 애정을 경험하지 못했던 사람은
사랑할수록 사랑으로부터 도망치려고 하고,
사랑 자체를 거부하고 억누르려고 한다.
사랑하지만 어떻게 사랑을 해야 할지 모르고,
감정이 배제된 채 행동해서 상대에게 상처를 준다.

만 가족이다. 아버지와 아들 사이에는 어떤 애정도 존재하지 않는다. 그래서 아들은 더욱 어머니에게 밀착하고 어머니의 그늘 속에서 살아간다.

| 현재를 살라 |

40대 후반인 수형 씨는 부모님이 일찍 돌아가시고 나이 차가 많은 큰형의 가족들과 함께 살았다. 형수가 어머니처럼 수형 씨를 돌봤다. 수형 씨는 언제나 형수의 눈치를 보고 자기주장이나 자기 욕구를 표현하지 못하면서 성장했다.

수형 씨의 아내는 남편이 겪었던 외롭고 불쌍했던 어린 시절을 보듬어 주려고 노력을 기울였다. 그 결과 별 문제 없이 결혼생활을 했다. 남편을 성심성의껏 돕는 아내와 공부 잘하는 아들까지 그의 인생은 완벽해 보였다. 수형 씨는 자수성가로 사업에서 성공까지 거두었다.

그런데 수형 씨는 사업이 어느 정도 성공에 도달하자마자 어린 시절의 결핍을 보상받으려고 지나치게 자기 욕구에 충실했다. 여러 여성과 관계를 형성하고 늘 친구들과 함께 어울려 다녔다. 당연히 아내는 불안했다.

수형 씨는 아내가 잔소리하면 불같이 화를 내고 심하게 싸웠다. 그는 누구의 소리도 듣지 않고, 제어할 수 없는 자기 욕구에 충실한 사춘기 소년처럼 굴었다. 아들은 아버지와의 관계에서 힘들어 하는 어머니를 지키려 했고 그러면 수형 씨는 가족들이 자기를 따돌린다고 원망하며 집을 나가 버렸다.

도대체 어디서부터 잘못되었는지 모를 정도로 수형 씨와 가족들의 관계는 악화되었다. 수형 씨는 자신을 싫어하고 거부하는 가족들에 대한 원망으로 가득찼다.

가족들은 서로 작은 대화를 나누는 일조차도 어려워졌고, 수형 씨는 욕구를 해소하는 데 더욱더 집착했다. 수형 씨는 현실을 있는 그대로 보는 능력이 떨어졌다. 어떤 것이 옳은지를 판단하기가 어려운 상황이 닥쳤다.

이러한 방식으로 애정 결핍을 해소하려는 사람은 현실을 있는 그대로 인식하지 못한다. 다른 사람이 먼저 자신을 이해하기를 바라고, 자신을 마음에 들어 하기를 바란다. 그렇기 때문에 상대방이 자신에게 부정적인 반응을 보이면 자신이 보였던 행동 때문이라는 사실을 인지하지 못하고 받아들이려고 하지도 않는다.

상담 현장에서 이러한 사람들을 많이 만난다. 그들은 자신의 상처나 결핍과는 무관한 현재의 가족들을 대상으로 과거의 문제를 해결한다. 끊임없이 과거의 문제를 현재 시점으로 끌고 들어와서 가족과 혼란스러운 관계를 만든다. 그러한 모습이 우리의 아버지가 되었고, 또 우리가 되었다. '현재를 살라'라는 고대 로마 시대의 격언이 지금 수형 씨와 같은 아버지에게 필요한 이유이다.

아버지 안에
아이가
있었다

종식 씨는 아들과 자주 싸웠다. 어떤 경우에는 아들과 먹을 것을 놓고 싸우기도 했다. 아들이 아버지의 말을 안 듣거나 지시를 따르지 않으면 삐져서 아들과 며칠씩 말을 하지 않기도 했다.

최근에 아들과 크게 싸우고 아내에게 아들이 좋아하는 음식을 사 오지 말라고 했다. 종식 씨는 마치 초등학생처럼 아들을 대했다. 그들은 아버지와 아들의 관계가 아닌 친구나 형제와 같이 행동하고 싸웠다. 종식 씨는 성인 아이(Adult Children)였다.

성인 아이는 어른이 되었지만 아이 상태에서 벗어나지 못하는 상태를 일컫는다. 여전히 아이처럼 미숙하고 성장하지 못해서 어른이 가져야 하는 책임 의식과 판단력을 못 갖는다. 성인 아이인 아버지는 아버지로서 필요한 자기 조절 능력이 부족하고 미숙하기에 이기적인 모습으로 비춰진다.

| 미성숙한 거짓 자아 |

인간이 정신적으로나 정서적으로 성숙한 성인이 되려면 살면서 충분한 사랑을 받아야 한다. 사랑이 부족하다면 무의식적으로 인간은 사랑의 결핍을 어떤 식으로든 해결하려고 한다. 사랑의 결핍을 메우기 위해 자신의 참 모습을 위장하고 거짓 자아를 형성하여 다른 사람들이 원하는 역할 가면, 즉 거짓 자아로 살아가기도 한다.

거짓 자아는 자신이 원하든 원하지 않든지 다른 사람의 기대와 요구를 받아들인다. 그렇게 하다 보면 자신이 누구이며 무엇을 원하는지도 모르는 상태로 살게 된다.

거짓 자아는 크게 두 가지의 방향으로 나타난다.

- 노력하고 애써서 부모의 바람과 기대를 채우는 모범생, 희생사 노는 영웅
- 문제를 일으키고 실수, 둔함, 어리석음 등을 통해 부모를 힘들게 하는 문제아

이러한 두 가지 극단적인 삶의 형태는 부모의 애정과 인정을 얻으려는 행동의 결과이다. 어떤 아이들은 부모의 바람을 채워주고 흡족하게 성과를 낸다. 또 어떤 아이들은 그렇지 못하다. 부모에게서 인정받지 못하고, 무관심의 대상이 될 바에 차라리 문제를 일으켜 부정적이라도 주목받는 편이 나은 것이다.

| 거짓 자아에 속은 남자들 |

철민 씨는 고등학생 1학년 아들과 극심한 갈등 속에서 상담실을 찾아왔다. 학교에서 여러 문제를 일으키고 공부를 전혀 하지 않으려는 아들은 가족에게는 문제덩어리였다. 철민 씨는 아들이 도대체 왜 이렇게 계속해서 문제를 일으키는지 알고 싶어 했다. 철민 씨에게는 아들이 하나 더 있는데 말썽을 일으키는 아들과는 정반대인 첫째 아들이었다. 첫째 아들은 명문대생이었고 상당히 잘생긴 외모를 가졌다. 첫째 아들은 한번도 부모의 마음을 힘들게 한 일이 없는 소위 자기 스스로 공부해서 명문대에 들어간 '손이 전혀 안 가는 아들'이었다. 반면에 둘째 아들은 사고뭉치였다.

나는 둘째 아들과 대화를 하다가 자신의 형에게 뿌리 깊은 열등감이 있음을 알게 되었다. 둘째 아들에게 형은 모든 면에서 너무나 우월했다. 둘째 아들은 그런 형을 도저히 따라갈 수가 없었을 것이다. 결국 그가 가족 안에서 자기 존재를 확인하려면 형과 정반대로 행동해야 했다. 여기서 주목할 점은 둘째 아들의 문제 행동은 그의 본성과 인격에서 나오는 자연스러운 행동이 아니라 거짓 자아를 통한다는 것이다. 둘째 아들은 그런 행동을 하면서 자기 자신을 소외시키고 있었다. 부모에게 보여준 문제 행동은 거짓 자아의 모습이었다. 그런데 놀랍게도 완벽한 형이나 문제아 동생 모두 거짓 자아의 다른 형태를 보여주고 있었다.

거짓 자아를 가진 성인 남성이 많다. 그들은 자기가 성장하지 못한 부분을 숨긴다. 힘들고 불안정한 가정환경을 숨기고 주변 사람들에게 밝고 사교적이며 밝은 사람으로 보여지길 원한다. 그들은 남들에게 그렇게 행동함으로써 가정에서는 받을 수 없는 관심과 지지를 얻는다. 거짓 자아로 타인들이 자기에게 원하는 역할을 충실하게 수행하면서 인정과 사랑을 받으려고 한다.

본인 스스로 '성인 아이'라고 고백하였던 빌 클린턴과 섹스 스캔들에 얽혀 있던 모니카 르윈스키는 "빌 클린턴이 어릴 때부터 줄곧 거짓말과 연기로 가득 찬 인생을 보냈다고 말했다"라고 말했다.

대개 애정 결핍을 가진 사람이 거짓 자아를 가진 경우가 많다. 부모에게 충분한 사랑을 받지 못하거나 방치된 아이는 자신감을 잃고 거짓 자아를 만들어 낸다. 거짓 자아로 자기를 위장하는 이유는 애정 결핍을 경험한 아이들에게 자신을 보호하기 위한 보호막 역할을 하기 때문이다.

거짓 자아를 가진 사람은 감정과 행동에 자신감이 부족하다. 있는 그대로 감정을 표현하면 사람들이 자신을 싫어하거나 거부하리라 생각한다. 그래서 자신이 원하는 대로 행동하지 않고 남들이 좋아하거나 자기에게 원하는 행동을 하려고 한다.

아이 같은 아버지가 있다면 그는 거짓 자아를 형성하고 살아온 스스로에 대한 보상적 행동을 하는 사람이다. 아이 같은 모습은 그의 거짓 자아로 포장된 모습이 만들어 낸 불균형을 맞추려는 행동이다. 한쪽은 지나치게 자기를 배제한 다른 사람들의 시선에 중점을 두었다면, 다른 쪽은 자기 자신에만 관심을 두는 것이다. 이러한 두 극단적 자세를 통해 일정한 내면적 균형을 맞추려고 한다. 결국 아이 같은 아버지는 어린 시절 부족한 사랑을 얻기 위해서 주어진 환경에 자신을 맞추어 결과적으로 자기를 소외시킨 사람일 뿐이다.

지나치게 거짓 자아에 의존해서 살아왔다면, 이제 불균형을 줄여야 한다. 아버지로서 가정 안에서 본래의 자리에 위치해서 자기 몫을 감당하고, 더 나아가 참 자아를 바탕으로 건강한 삶을 살아야 한다. 그러기 위해서는 자신을 객관적으로 직면하는 일이 필요하다. 직면은 문제 앞에 서 있는 것이 아닌 자신의 모습을 온전히 인식하는 것이다.

에리히 프롬은 '우리에게 변화를 일으키는 지점은 우리가 스스로를 알게 될 때'라고 말했다. 해결은 여기서부터 시작된다.

거칠고 강하다가 끝내 무기력해졌다

　영호 씨의 아버지는 잔소리가 심했다. 영호 씨를 쫓아다니면서 잔소리를 했다. 영호 씨를 잘 키우고 싶은 아버지의 욕구 때문이었지만, 지나친 통제와 비난, 잔소리 때문에 영호 씨는 어렸을 때 항상 기가 죽었으며 자신감이 없었다. 당연히 이러한 영호 씨의 모습은 더욱 아버지를 실망시켰고 그만큼 아들을 향한 통제와 잔소리가 늘었다. 특히 공부에 관해서는 더욱 엄격했다. 아버지는 영호 씨가 공부하도록 심하게 몰아붙였고, 영호 씨의 어머니도 오직 공부를 할 때만 아들에게 사랑을 주었다.

　어린 영호 씨는 어느 날, 너무 힘들어서 책을 아버지 앞에 집어던졌다. 그날 아버지에게 심하게 혼났고 그 뒤로는 아버지가 원하는 모습을 연출하려고 애를 쓰면서 살았다. 영호 씨를 통제하고 억압하는 아버지의 행동은 너무 심각했다. 하지만 영호 씨는 자신이 할 수 있는 일이 없음을 알고 아버지에게 복종했다. 그 결과 자신의 모든 감정을 억압하고 차단한 채 살았다.

그런데 영호 씨 자신이 아버지가 되었을 때, 영호 씨는 놀랍게도 자신의 아들에게 아버지와 똑같이 대했다. 영호 씨 안에는 통제와 억압으로 무조건적인 복종을 강요를 받았던 어린아이가 있었다. 그 아이는 어른이었지만 자신이 그랬던 것처럼 자기 아들에게 "너도 나처럼 참고, 복종하고 감정을 차단한 채 성장해"라고 말하고 있었다.

라깡이 한 말 중에 '남자는 복종을 힘들어 하고 여자는 무언가 결핍을 갖고 있다'라는 말이 있다. 여자가 원인 모를 결핍감 때문에 힘들어 한다면 남자는 복종으로 힘들어 한다. 원인 모를 결핍감은 '사랑의 감정'이다. 사랑은 소통을 거치며 얻어지는 것으로 여자에게는 가장 중요한 주제이다. 반면에 남자에게는 복종의 문제가 있다.

남자들의 사회에서 서열은 매우 중요하며 여기에는 복종이 전제된다.

| 통제로 인한 무력감 |

과거 가부장적이고 권위적인 사회 안에서는 더욱 이러한 복종이 중요한 미덕으로 작용했다. 오늘날은 과거와 많이 달라졌지만, 남자들에게 복종은 여전히 사회생활에서 중요한 삶의 자세임에 틀림없다.

이러한 복종을 양육 과정에서 중요하게 여기고 아들에게 가르치려는 아버지가 있다면 모든 일이 그러하듯 지나치면 문제가 생긴다. 균형을 상실한 채 아들에게 복종을 강요하는 아버지는 통제적인 아버지가 된다.

아들이 이런 아버지와 잘 지내기 위해서는 아버지 앞에서 언제나 복종하거나, 복종하는 척이라도 해야 한다. 당연히 여기서 아들과 아버지 사이에는 극심한 갈등이 발생한다. 영호 씨의 아버지가 아들에게 그랬던 것처럼 말이다. 이것은 거짓 자아를 강요하는 것이며 아들을 위함이 아닌 자신의 결핍과 자존감의 문제를 해결하려는 시도이다.

'폭력은 무기력에서 나온다'라는 독일 출신의 철학자 한나 아렌트Hannah Arendt의 말이 있다. 아버지가 아들을 무섭게 통제하고 조금도 반항하지 못하도록 하는 이유는 아버지 자신의 문제 때문이다. 자신감이 부족하고 자존감이 낮은 아버지는 늘 불안을 느끼기 때문에 통제하기를 원한다. 상대를 통제하는 순간 불안이 낮아지기 때문이다. 힘으로 아내와 자녀들을 억누르고 복종을 강요한다. 자식과 아내가 군말 없이 복종하는 자세를 보일 때 안심이 되고 편안함을 느낀다.

통제하는 아버지는 크게 두 종류가 있다. 첫 번째는 군인이나 경찰처럼 위계질서가 강조되는 직업을 가진 아버지이다. 이러한 아버지는 가족 안에서도 엄격함을 이어가며 대단히 좁은 시야로 세상을 본다. 자신의 좁은 시야를 가족에게 강요하며 경직된 인간관계 외에는 다른 것을 모른다.

두 번째는 자존감이 낮고 깊은 열등감에 시달리는 아버지이다. 자존감이 낮고 열등감이 깊으면 관계에 치명적인 어려움을 가져온다. 여기에 시달리면 어떤 성공이나 대단한 성취를 이루어도 열등감을 실질적으로 달래지 못한다. 성공하면 할수록 성공하지 못했을 때 찾아오는 패배와 실패가 두려워 불안감에 시달리며 고통받는다.

열등감과 낮은 자존감은 어린 시절 부모에게서 받은 거부와 인정 결핍이 주요 원인이 된다. 자녀를 있는 그대로 받아들이고 수용하는 데 인색한 부모는 지녀가 건강한 사아를 형성하지 못하도록 만든다.

이들에게는 무력감이 찾아온다. 무력감은 '시달리고, 괴롭힘을 당하며, 박해받는 느낌'이다. 자신이 다른 사람에게 아무런 영향을 끼칠 수 없으며 가치 없는 존재가 되었다는 느낌을 받는다. 이들은 내가 다른 사람에게 하찮은 존재라고 생각한다. 무력감은 대단히 고통스러운 감정이다. 내 자신이 이렇게 무력한 존재가 되었다는 사실은 대단히 마음을 어렵게 한다.

사람들은 고통스러운 무력감을 해소하기 위해서 중독과 폭력을 사용한다. 무력감은 자기만의 권력을 휘두를 곳을 찾는다. 열등감에서 오는 무력감과 더불어 사회생활 속에서 느끼는 자기 존재가 무가치하고 아무런 영향력을 갖지 못했다는 생각 때문이다.

가정만큼 권력을 마음껏 휘두를 만한 곳이 없다. 아버지는 가정 안에서 아내와 자녀들에게 권력을 휘두르면서 무섭게 통제한다. 아버지가 무력감을 더 크게 느끼면 느낄수록 가족들에게 자기 마음대로 권력을 행사한다. 통제, 비난, 잔소리, 폭력, 폭언 등은 이러한 권력을 행사하는 수단이 된다. 여기에 자기중심적 사고와 판단, 왜곡된 생각, 편집적인 생각과 행동이 더해지면 가족들이 경험할 고통은 배가 된다.

아버지가 가정에서 행사하는 권력은 무력감을 위한 보상적 행동으로써 상처 입은 자신의 자존감을 위한 투쟁이다. 하지만 이는 무력감이 만드는 악순환에 한 발 더 다가서게 하는 행동일 뿐이다.

| 균형을 깨트리는 두 시선 |

통제적이고 권력을 마구 휘두르던 아버지의 아들은 성장하면서 두 가지의 극단적 모습을 보인다. 먼저, 아버지에게 통제당하면서 언제나 굴복하고 복종해야 했던 자신의 모습을 외부인들과의 관계에서도 재현한다. 모든 사람에게 아버지에게 했던 복종을 이어가며 언제까지나 복종을 강요하던 아버지의 아들로서 무기력하게 살아간다.

다른 형태는 아버지처럼 권력을 휘두르고 통제를 하는 사람으로 살아가는 모습이다. 복종을 강요했던 아버지와 스스로 동일시해 아버지처럼 권력을 휘두르며 살아간다. 하지만 그의 내면 깊은 곳에는 아버지처럼 뿌리 깊은 열등감으로 인한 무력감이 자리를 잡고 있다. 이러한 양극단의 자세 모두 아들의 인생에 커다란 그림자로 작용한다.

통제적이고 권력을 휘두르는 아버지의 아들은 아버지를 뛰어넘고 싶은 오이디푸스적인 동기가 없고 아버지의 무력감을 대물림받는다. 그에게 세상은 도전과 모험이 가득한 신나는 세상이 아닌 공포와 불안만 존재하는 곳으로 인식된다. 당연히 이러한 자세는 삶을 제한시키고 삶에서 얻을 수 있는 기쁨과 성취를 제한한다.

영호 씨는 아버지로서 아들만을 보는 것이 아닌 아들의 시선에서 아버지인 자신을 봐야 한다. 아버지가 최선을 다하고 아들을 위해서 하는 행위라고 정당화시킨다고 하더라도, 아들의 입장에서 느낄 때 달라진다.

지나침은 언제나 균형을 깨트리고 문제를 야기한다. 영호 씨의 아들이 느낄 감정과 마음은 낯선 것이 아니다. 오래전 영호 씨도 자기 안에서 동일하게 느꼈던 감정이다. 아들은 오래전 자기 자신이다. 그 당시 영호 씨에게 필요했던 것은 아버지의 억압과 통제만이 아닌, 아버지의 자상함과 관대함이었다. 얼마나 이런 것을 원했는지 영호 씨 스스로 떠올릴 수 있다면 통제와 무력감의 오랜 악순환이 멈출 수 있다.

나의
무관심한
아버지

　어린 시절 결핍을 경험한 아버지 모습 중에 나타날 수 있는 또 다른 형태는 '무관심한 아버지'이다. 이런 아버지는 가족 안에서 마치 투명 인간처럼 존재한다. 아내와 자녀들에게 대단히 무관심하다. 가족들이 자신에게 관심을 두면 싫어하고, 서로 무관심하게 살아가기를 바란다.

　관심을 가지면 불편한 일이라고 생각하며 상대방의 잔소리, 비난을 싫어한다. 가족들 누구와도 전혀 소통하지 않고 혼자서 살아가는 모습이 외롭게 보일 수 있지만, 정작 그는 외로움이라고 느끼지 않는다. 그는 자기만의 성을 쌓아 놓고 그 안에서 꿈적하지 않고 자기만의 삶의 방식으로 살아가기를 즐긴다.

자기만의 성은 여러 형태로 나타난다. 때로는 거실 소파일 수 있다. 소파에 하루 종일 앉아 텔레비전 리모컨을 돌리면서 자기만의 왕국 속에서 살아간다. 또는 온종일 스마트폰을 잡고 살거나, 컴퓨터가 있는 방에 들어가서 게임과 인터넷을 하면서 나오지 않는다. 이런 아버지의 모습을 보는 아내와 자녀들은 강한 거부감과 답답함을 느낀다. 하지만 무관심은 상대방과의 상호작용과 소통을 거부하는 자세에서 전염된다. 이들 역시 감정, 반응, 생각 등에 대해서 무관심하고 자기만의 생활 방식을 고수하면서 살아간다.

그는 아버지이기도 하고 남편이지만 돈을 벌어오는 가장의 역할만 수행하면, 자기의 역할이 다 끝났다고 받아들인다. 이러한 무관심한 아버지는 어린 시절 너무나 바빴던 부모를 둔 아들이 자란 모습이기도 하다. 재워만 주고 먹을 것만 주었지 어떤 상호작용도 없었던 부모로부터 자랐기 때문이다.

| 홀로 고립된 남자 |

민호 씨는 집에 오면 늘 소파에 앉아 텔레비전 리모컨을 쥐고 식사하고 잠잘 때만 소파를 떠난다. 그는 아내와 한참 자라는 아이들과 대화가 거의 없다. 무엇을 해도 상관하지 않는다. 아내도 이런 남편에 대해 지쳤고, 아예 없는 사람 취급을 했다. 민호 씨는 자신을 귀찮게 안 하니 만족스러웠다. 텔레비전 앞에 앉은 민호 씨는 돈을 버는 가장으로서는 훌륭하게 역할을 다하지만 그 외에는 어떤 것도 하지 않았다. 그에게는 제대로 된 취미도 없고 여가생활도 없었다. 언제나 텔레비전 앞에 앉아 우울하게 지냈다. 남들이 보기에 도대체 어떻게 매일, 하루도 예외 없이 저렇게 지낼 수 있는지 신기할 정도였다.

민호 씨는 명문대를 나온 전문직 직장인이다. 그는 어릴 때 공부를 잘했다. 지방에서 서울로 올라온 민호 씨의 부모는 생계를 위해서 열심히 일했다. 자식을 좋은 대학에 보내 잘살게 만드는 것이, 부모의 소박한 꿈이었고 공부를 잘하는 아들은 부모에게 훌륭한 자식이었다.

민호 씨는 언제나 집에 혼자 있었다. 나이 차이가 나는 형이 있었지만, 형과는 거의 교류가 없었다. 학교에서 집으로 돌아오면 아무도 맞아주는 사람이 없었다. 어머니가 차리고 간 음식을 늘 혼자서 먹으면서 공부하던 외로운 아이였다. 외형적으로는 부모의 바람처럼 잘 자란 아들이었지만 그의 내면에는 외로움이라는 해결될 수 없는 문제를 안고 있었다. 처음에는 외로워서 고통스러웠지만 적응해야 했고 어느 순간 자기만의 삶의 방식이 되어 버렸다.

민호 씨는 이러한 방식 외에는 다른 어떤 삶의 모습을 몰랐다.

다른 방식, 즉 가족과 소통하고 함께 교류하는 삶을 경험하지 못했고 알지도 못했다.

그에게는 어린 시절 외롭던 외톨이가 존재한다. 외톨이에게 누구도 없었다. 바로 옆에 아내와 아이들이 있고 함께하기를 간절히 원하지만 그 사실을 모른다. 외로운 사람은 외로움에서 벗어나기 위해 누군가를 기다리고, 어느 순간 기다리기를 포기하면서 회피하게 된다. 이것은 상처받지 않으려는 본능적인 태도이다. 무관심한 아버지 안에는 더 이상 상처받지 않으려는 마음이 숨겨져 있다.

정신분석가 존 보울비John Bowlby는 엄마가 없어졌을 때 어린아이는 '저항', '낙담', '포기' 단계를 보인다고 설명했다. 무관심한 아버지는 어린 시절 부모에게서 포기 단계를 경험한 아동이다.

이 세상의 모든 외톨이들이 무관심한 아버지가 되지는 않는다. 사춘기에라도 또래 집단을 잘 만난 경우는 달라진다. 그러나 또래 집단도 형성하지 못하고 언제나 혼자였던 아이는 다른 어떤 방식을 배우지 못한다. 공부나 요구된 행동, 자신에게 주어진 역할을 잘 수행하지만 언제나 혼자인 아이로 남게 된다. 이것은 결국 친밀감의 문제를 야기한다.

민호 씨가 아내와 아이들에게 자기 변명을 할 수 있다면, 자신이 외롭게 성장해서 가족과 어떻게 상호작용해야 할지 모른다는 말일 것이다. 의지의 문제가 아닌 '정말로 모른다'라는 사실이다. 민호 씨는 성공한 직업을 가졌지만 그가 관계를 맺는 능력은 초등학생 정도에 머무른다. 소파에 앉아 우두커니 리모컨을 쥐고 있는 민호 씨 안에는 어린 시절 외롭게 혼자서 모든 것을 해결해야 했던 어린아이가 있다. 성인이 되고 아버지가 되었지만 여전히 민호 씨 안에 머물고 있는 셈이다.

민호 씨는 스스로가 만든 외로움 때문에 무관심한 아버지가 되었다. 고통스러웠던 외로움이 이제는 익숙해졌고, 어느 순간 익숙해지면 고통을 덜 느끼게 되면서, 언제나 익숙한 그 자리로 돌아가 않는다. 그렇게 자신뿐만 아니라 가족들을 외롭게 만든다.

| 스스로 만든 외로움 |

어린 시절 충분한 애정을 경험하지 못한 채 어른이 되면 아내, 자녀와의 관계에서 어려움을 경험할 수 있다는 말에 정작 당사자는 거부한다. 오랫동안 상담을 공부한 사람마저도 자신의 어린 시절에 문제가 현재까지 영향을 미칠 수 있다는 사실을 거부하려고 한다. 그리고 문제의 원인을 주변 사람에게 돌리고 주변 사람들을 바꾸려고 애를 쓴다. 환경을 탓하거나 직장에서의 어려움

외로움에서 벗어나기 위해 누군가를 기다리고,
어느 순간 기다리기를 포기하면서 회피하게 된다.
이것은 상처받지 않으려는 본능적인 태도이다.
무관심한 아버지 안에는 더 이상 상처받지 않으려는
마음이 숨겨져 있다.

등을 호소해서 자기의 문제를 피하려고 한다. 그러면 그럴수록 원하는 결과를 가져올 수 없다.

회복은 언제나 자신의 문제를 객관적으로 받아들이면서 시작한다. 언제까지 아내와 자녀들의 이해와 관대함에 의지할 수 없다. 모든 것은 끝이 나기 마련이다.

그렇기에 아버지는 가족들과의 친밀감과 소통을 방해했던 방식을 인식하고 조금씩 내려놓아야 한다. 일부러라도 가족들과 함께하는 시간을 만들어야 한다. 여행도 좋고, 저녁 식사를 하고 가벼운 산책도 함께 하는 일도 좋다. 이때 아무런 말을 하지 않더라도 함께 움직이는 것만으로도 가족들에게 위로가 될 수 있다.

어디에도
소속되지
못했던 사람

20대 후반의 직장인 정민 씨는 아버지와 함께 상담실을 찾아왔다. 정민 씨가 상담실을 찾은 이유는 성인이 되었는데도 아버지와 심하게 갈등을 겪는 이유를 알고 싶어서였다. 상담을 해 보니 정민 씨의 아버지에게 문제가 보였다.

정민 씨의 부모는 결혼생활을 유지하는 동안 지겹게 싸웠다. 정민 씨의 어머니는 남편으로부터 많은 상처를 받았고, 그로 인해 살면서 남편이 자신에게 했던 만행을 수없이 끄집어내어 남편을 몰아붙였다.

정민 씨의 아버지는 한 달에 적어도 일주일 이상은 모텔에서 생활했다. 멀쩡한 자기 집을 놔두고 모텔에서 생활하는 아버지를 이해할 수 있는 자녀가 이 세상에 어디 있겠는가?

정민 씨는 아버지가 자신의 자리에서 버티기를 간절히 바랐다. 그러나 언제나 아버지는 자기 자리를 모르는 듯이 주변을 방황했다. 정민 씨 아버지는 아무리 간청해도 가족들의 말을 듣지 않았다. 그는 아무리 가족들이 밖으로 나오게 하려고 해도 꿈적하지 않고 버티었다. 가족들의 인내심은 고갈된 상황이었다. 모든 것이 최악이었다.

하지만 아버지의 사정은 달랐다. 아버지는 모텔에 혼자 있으면 편하고 아무도 신경 쓰지 않아도 되어서 가게 되었다고 말했다.

정민 씨의 아버지는 어린 시절 단칸방에서 여섯 식구 중 셋째로 살았다. 자기만의 공간은 당연히 없었고 사춘기가 되어서도 가족들과 한 방에 모여 살아야 했다. 부모는 생계를 위해 자녀들을 제대로 돌보지 않았고 네 명의 남매들도 각자 알아서 살아갔다. 남매들도 서로 친밀감을 느끼지 못한 채 살았다. 정민 씨 아버지는 언제나 외로웠고 혼자라고 느꼈다.

정민 씨의 아버지는 성인이 되고 결혼을 하고 아이를 낳아 과거의 가정환경에서 벗어나게 되었지만, 혼자라고 느꼈던 마음은 언제나 그를 떠나지 않았다. 외로움은 공기처럼 그의 일상에 스며들었다.

정민 씨는 아버지의 어린 시절에 대한 이야기를 듣고, 아버지를 원망하기보다는 불쌍하게 여기게 되었다. 물론 아버지의 인생을 다 이해할 수도 없고 어떤 부분은 동의할 수 없지만 이전보다는 편안한 마음으로 아버지를 바라보게 되었다.

나 역시 가족 안에서 언제나 혼자였던 정민 씨의 아버지가 보였다. 북적이는 가족들 속에서 소속감 없이 외롭게 성장한 아들이 자기만의 굴을 파 놓고 그 속에서 들어가서 혼자서 가족과 단절되어 있었다. 여전히 현 가족에게도 소속감이 없는 상태에서 살아가는 가련한 남자가 보였다.

정민 씨 가족의 악순환을 멈추는 방법은 문제를 일으키는 원인인 아버지를 깊이 있게 공감하고, 어느 정도 그의 입장을 지지하는 것이다. 여기서 공감해 주는 대상은 현재 아버지의 행동이 아닌, 아버지 안에 있는 과거에 상처받은 내면 아이다.

어린 시절 단칸방 안에서 얼마나 외로웠는지, 누구에도 말하지 못한 슬픔, 상실감, 수치심, 죄책감을 털어놓고 여기에 진정한 공감을 하는 순간 놀라운 일이 벌어진다. 가족들의 소리에 귀를 막고 있던 남자가 공감을 받을 때, 가족들의 호소에 귀를 기울이기 시작한다. 소속감의 문제로 만들어진 상처에는 공감이라는 치료제로 회복될 수 있다.

어린 시절 외로웠던 아이가 공감받는 순간 그동안 단절되었던 관계에 연결이 시작된다. 일례로 부부 문제로 상담실을 찾은 어떤 아내에게 남편이 어린 시절에 겪었던 아픔을 설명했더니, 안타까움에 눈물을 흘렸고 그것이 치료의 효과가 있었다. 가족 안에서 소속감을 느낄 수 없던 외로웠던 내면아이가 그 외로움의 감정에 대해 인정받으며 단절되었던 관계가 연결되면서 회복이 이뤄진다.

| 내 마음은 어디에 있는가 |

미국의 심리학자 매슬로^{Abraham H. Maslow}는 인간에게 기본적인 다섯 가지 욕구가 있다고 했다. 그중 세 가지는 생존 욕구, 안전에 대한 욕구, 소속감과 사랑의 욕구이다. 이러한 욕구들은 앞에 놓인 선행 욕구가 어느 정도 반드시 해소되어야 다음 단계의 욕구로 옮겨갈 수 있다.

매슬로는 소속감을 인간의 세 번째 욕구에 위치시키면서 소속감은 사랑의 욕구에 포함시켰다. 사랑받는다는 감정은 소속감이 동시에 채워질 때 이뤄진다는 것을 보여 준다. 즉 소속감과 사랑받는다는 느낌은 하나이다. 소속감이 부족하면 사랑받는 느낌도 부족함을 의미한다.

소속감은 집단 안에서 개인이 '우리 가운데 하나'로 인정받으며 '우리끼리'의 집단 정체성을 지니는 것을 의미한다. 정체성은 소속으로 구성되며 언제나 자신이 속한 가족이나 집단에 대한 강한 감정적 애착이 따른다.

소속감은 집단의 속성을 끌어안도록 만들며, 개인이 집단에 복종하고 충성하도록 이끈다. 소속된 개인은 집단이 가진 이해 관계, 가치와 원리를 공유하며 자아 정체성을 형성하도록 도와 준다.

'나는 누구인가?'라는 질문은 '우리는 누구인가?'라는 질문을 통해서 구체화될 수 있다. 내가 누구인지 알고 싶다는 질문은 내가 어디에 속해 있는지 알고 싶다는 질문이기도 하다. 사실 아무리 혼자서 내가 누구인지를 묻는다면 속 시원히 답을 얻기 어렵다. 하지만 내가 속한 집단이 어떠한지를 묻는다면 실마리를 찾을 수 있다.

우리나라의 가족 형태 중 부친 고립형이 가장 대표적인 가족 형태로 예상된다. 아버지의 고립은 정도의 차이가 있겠지만 흔한 현상이 되었다. 나는 가족 안에서 매우 고립된 아버지들을 많이 본다. 가족을 힘들게 하는 어떤 구체적인 행동은 없지만(예를 들어 경제적 무능, 폭력, 중독 같은 명확하게 가족들을 힘들게 하는 요인), 고립된 삶의 자세만으로도 아내와 아이들은 고통스럽다.

스스로를 고립시키고 외롭게 살아가는 남자들은 어린 시절 가족 안에서 소속감을 느끼지 못하고 사랑과 존중을 경험하지 못한 채 성장했던 아들인 경우가 많다.

소속감은 관계 안에서 필요한 욕구로, 소속한 가족 구성원들과의 애착을 통해서 성장한다. 가족 구성원들과 단단한 애착과 친밀감을 갖는 경우 소속감은 깊게 뿌리를 내린다. 그러나 반대의 경우는 성인이 되고 나서도 소속감을 느끼지 못하고 집단 안에서 겉돌면서 직장, 가정 모든 곳에서 이방인이 될 수 있다.

우리가 가족 안에서 소속감을 느끼지 못한 채 사랑과 존중을 받지 못한 경우 여기서 겪는 고통은 외로움이다. 이러한 외로움은 단순히 일상 속에서 혼자가 되었을 때 느끼는 외로움과는 차원이 다르다. 대단히 뿌리 깊고 인생 전체를 통해 오랫동안 지속될 외로움이다.

특히 남자에게 소속감의 상처는 대단히 아픈 고통으로 남는다. 어렸을 때 가족 또는 교실, 집단 안에서 자기의 자리를 찾지 못하고 떠돌아야 했던 아픔은 성인이 된 뒤에도 여전히 소속감의 고통을 겪게 만든다.

| 소속되지 못한 고통 |

어디에도 소속되지 못한 남자는 대단히 고통스럽다. 사회생활에서뿐만 아니다. 가족 안에서 소속감의 문제가 생기면 본인뿐만 아니라 가족에게까지 고통이 전가된다.

열등감과 자신감의 결핍이 있다고 해서 좋은 대학을 가지 못하거나 좋은 회사, 사업을 하면서 성공하지 못하는 것은 아니다. 오히려 결핍 때문에 열심히 해서 남들보다 더욱 뛰어난 성취를 이룰 수 있다. 그러나 문제는 애정 결핍에서 드러난다.

그래서 우리는 소속감의 문제를 해결하기 위해서 결핍의 요인을 돌아보아보는 것이다. 특히 어린 시절에서 그러한 요인을 발견할 수 있다.

나 역시 그런 때가 있었다. 나는 독일에서 유학을 하고 귀국해 몇 년 동안 시간 강사와 비정년 교수로 있었다. 지금 돌아보면 자유롭고, 방학 때면 편하게 개인적으로 연구할 수 있는 환경이었다. 경제적으로는 불안정했지만, 시간과 역할에서 그만큼 자유가 주어졌다.

하지만 나는 그 시절 대단히 조급하고 불안했다. 가장 큰 고통의 원인은 내가 어디에 완전히 소속되지 못했다는 의식이었다. 남자로서 어디에도 소속되지 못했다는 현실은 나에게 불안과 열등감을 불러일으켰다.

어린 시절 가족 안에서 충분한 사랑을 받지 못하고 성장했던 경험은 친밀한 가족 관계 안에서 자기의 자리를 알지 못하고 방황하게 만든다. 이러한 고통을 겪는 아버지를 가족들은 답답해하고 그를 이해하지 못한다. 이때 아버지를 향해 가족들이 비난하면 아버지는 더욱 고슴도치처럼 굴속으로 들어갈 수 있다. 가족에게 소속되지 못한 문제를 가진 아버지라면 애정을 회복하기 위한 여정이 필요할 것이다.

3장

"아들은 아버지의 등을 보고 자란다"

아버지의 정체성에 대하여

"아들은 아버지의 벌거벗겨진 몸이다."

프리드리히 니체

아버지가
아들에게
물려줘야 할 것

    20대 대학생 승우는 우울감과 무력감, 그리고 종종 올라오는 자살 충동 때문에 상담을 받으러 왔다. 승우의 하루는 클럽에서 부터 새벽 늦게까지 이어지는 음주로 돌아갔다. 그렇게 하루하루 단순한 방식으로 살아가고 있었다. 승우는 겉으로 화려한 치장을 하고 다닌다. 수억이 넘는 고급 외제차를 몰면서 수천만 원 짜리 시계를 차고 다니는 일명 '금수저'이다.

    승우는 어머니와 지나치게 밀접한 관계를 유지하고 있었다. 어머니는 승우의 매니저처럼 아들외 모든 뒤치닥거리를 세심하게 처리했다. 아들뿐만 아니라, 남편도 같은 방식으로 돌보고 있었다.

반면에 승우에게 아버지는 언제나 거리가 먼 사람이었다. 승우의 아버지는 아들을 늘 바라보기만 했다. 어릴 때부터 아들과 어떻게 놀아 주고 함께 대화해야 하는지는 알지 못했다. 늘 멀리서 아들이 원하는 것은 웬만하면 다 들어주는 능력 있는 아버지였다. 하지만 어떻게 아들과 관계를 맺어야 하는지 알지 못했다.

승우는 겉보기에 재력이 많은 부모 밑에서 모자랄 것 없어 보이는 풍족한 인생이었지만 내면에서는 심각한 감정의 소용돌이가 일었다.

승우의 행동 중에서 가장 눈에 띄는 행동은 '가오 잡는' 행동이었다. 승우에게는 죽어도 포기할 수 없는 행동이었다. 이 말 한마디는 승우를 정의하는 데 딱 어울리는 말이었다. 그런데 놀라운 것은 아버지의 성격이었다. 승우의 아버지는 소심하고 여성스러웠다. 어떤 면에서는 위축되어 보였다. 승우의 과도하고 강한 남성적 태도는 아버지에게서 온 것이 아니었다. 승우의 과시하는 듯한 행동은 아버지의 약한 남성성에 대한 일종에 보상처럼 보였다.

| 위축된 남자들의 공통점 |

상담실에 방문하는 남성 중에는 위축된 남성이 많다. 자신감이 없고 자기 앞에 놓인 인생의 과제를 제대로 헤쳐가지 못하고 의기소침하다. 어떤 사람은 겉으로는 강한 남성성을 과시하는 듯하지만, 실상 자신감이 없고 위축되어 있다. 이들 대부분 어머니의 손에 이끌려 상담실에 찾아온다. 어머니는 아들을 돕기 위해 적극적이지만, 정작 이들의 아버지를 보기 어렵다.

상담실에서 위축된 남성들을 만나면서 그들에게 공통점이 있다는 사실을 발견하게 되었다. 그들이 아버지와 관계 경험이 거의 없는 아들이라는 사실이었다. 아버지는 일로 너무 바쁘거나 아들에 대해서 무관심하거나 아니면 아들과 어떻게 관계를 맺어야 하는지 미숙했다.

아버지에게 별로 의미 없는 존재라고 느끼면 당연히 아버지가 자신을 사랑하지 않는다고 받아들인다. 아들에게 아버지의 사랑은 가슴이나 감정의 문제가 아니라 정신의 문제, 사고와 판단, 의지의 문제이다. 아버지의 아들에 대한 사랑은 안정과 책임감, 보호를 둘러싼 그칠 줄 모르는 정신 활동에 큰 영향을 미친다.

아버지는 아들이 어머니 품을 떠나 진정한 자기 인생을 살아가고 모험을 펼칠 수 있도록 용기를 북돋아 주고 버팀목이 될 수 있는 존재다. 아버지의 응원 없이 혼자서 모험을 펼쳐야 하는 아들은 아버지로부터 얻을 수 있는 자신감이라는 선물을 잃는 것이다.

반면에 아버지의 응원을 받는 아들은 더 큰 자신감을 갖는다.

아버지가 곁에서 응원해 준 아들은 자기의 한계를 뛰어넘을 수 있을 정도로 용기를 내게 된다.

동일시할 남성상이 없었기 때문에 목적 의식도 없고 자신과 반대되는 것에 저항할 가치관마저 없다. 아버지와 관계를 잘 맺은 아들은 인생 속에서 실패와 좌절을 경험할지라도 위축되지 않는다. 그러나 아버지와 관계를 맺지 못한 아들은 결핍으로 인해 위축된다. 이러한 아들은 대부분 어머니와 지나치게 밀착될 수밖에 없다. 그러면서 가족 안에서 관계의 불균형이 생긴다. 어머니와는 지나치게 관계가 밀착된 반면에 아버지와는 거의 관계 경험이 부재한 상태가 된다.

| 아버지에게 속한 본능 |

아들은 아버지가 강하길 바란다. 아버지가 강하지 못하고 약하다는 사실을 알았을 때 실망하지 않을 아들이 어디 있겠는가? 아버지의 힘이 천하무적이길 바라며 막강한 힘으로 어머니와 자신을 보호해 주길 원한다. 어쩌면 세상 모든 아들의 본능적 바람일 것이다.

내가 다섯 살 때쯤으로 기억나는 장면이 있다. 당시 아버지는 실직을 당하고 바깥으로 나가지 않았다. 아버지에게는 잠시 가장의 역할을 상실하고 굉장히 불안하고 힘든 시기였다. 하지만 어머니는 우리 가정의 상황에 몹시 불안해했다.

시간이 많았던 아버지는 나와 여동생을 데리고 가까운 논으로 나가서 메뚜기를 함께 잡으며 시간을 보냈다. 어린 나는 집으로 들어오면서 화가 나 있는 어머니가 아버지를 어떻게 할까 봐 잔 뜩 겁을 내고 집에 들어오던 장면이 떠오른다.

사실 다섯 살의 기억은 대부분 희미하다. 그런데도 이 기억만 큼은 잊지 않았다. 왜 그토록 오랫동안 내 기억 속에 남았을까? 아마도 처음으로 무장 해제된 아버지를 보았기 때문인 듯하다.

아버지가 약하다는 느낌은 모든 아들에게 몹시 불안하고 견디 기 힘든 불안정을 느끼게 할 수 있다. 힘을 상징하는 아버지에게 힘이 없다는 사실은 아들에게는 혼란 그 자체이다. 아버지가 약 하고 무능하면 어린 아들에게는 커다란 충격이고 받아들일 수 없 는 현실이 된다. 나에게 아버지는 강하고 성실하고 한결같았다. 그러나 당시의 기억은 아버지가 마치 거세된 남성처럼 약해 보여 나에게 충격과 공포로 다가왔다.

그리스와 로마 사회에서 아버지는 가정 안에서 가장 힘이 센 존재였다. 마찬가지로 고대 한반도에서도 아버지는 힘을 상징하 는 인물이었다. 생존과 안전이 힘들었던 고대 사회에서 아버지가 힘이 있다는 뜻은 그만큼 생존 가능성이 커짐을 의미했다.

그런데 현대에 와서 양성 평등이 강조되며 부부 관계에도 변화가 찾아왔다. 이제는 과거처럼 아버지가 힘을 상징하지는 않지만 힘을 상징하는 인물이 어머니로 대체되지는 않고 있다는 사실은 분명하다. 부부 관계에는 여전히 유지되는 틀이 존재한다. 오늘날에도 아버지에게 힘을 요구하지만, 힘이라는 개념이 넓어졌다. 사회적, 경제적으로 힘이 있는 모습과 더불어 가족 관계 안에서 '정서적 힘'이 있어야 한다. 정서적 힘이라는 뜻은 아내와 아이들을 따뜻하게 보호하고 수용할 수 있는 소통의 능력을 말한다.

만약 강한 아버지와 관계를 경험하지 못한 아들이라면, 그 아들은 무언가 기댈 수 있는 대상을 찾으려 할 것이다. 기댈 수 있는 대상은 선과 악이 분명히 드러나는 이데올로기 또는 종교(그중에서도 이단과 같은 단체 포함)가 그러한 역할을 수행한다. 이러한 이데올로기와 종교는 강한 아버지를 대신함으로써 아들에게 명확한 신념과 규칙 속에서 안정감을 준다. 신념과 규칙을 강하게 고수하면서 강한 아버지로부터 얻을 수 있는 안정감과 자신감을 대체한다.

그러나 이러한 아들들은 세상을 흑과 백으로만 보는 인지적 오류를 갖기 쉬우며 삶의 융통성과 유연성이 없어 고지식하고 꽉 막힌 듯한 세계관을 갖는다. 강한 아버지와의 경험이 없는 아들이 의지한 명확한 이데올로기와 종교는 처음에는 안정감을 제공하지만, 점점 시간이 갈수록 인지적 감옥이 되어 그를 옥죈다.

아들에게 아버지의 사랑은 가슴이나
감정의 문제가 아니라
정신의 문제, 사고와 판단, 의지의 문제이다.

전체를 보는 넓은 시각이 없는 편협된 생각과 행동은 역설적으로 그를 더욱 불안하게 만든다. 강한 의지와 용기를 형성하기보다 자신이 의지하기로 한 이데올로기와 종교의 신념과 규칙을 동일시하기 때문에 내면적으로 혼란스러울 수밖에 없다.

아버지는 아들이 남자의 본능적 욕구인 '권력 의지'를 만들어내는 첫 출발 지점이다. 아버지와의 관계에서 시작된 권력 의지는 자존감을 형성하는 동시에, 한 남자로서 삶의 여정을 가능하게 만든다. 권력은 타인의 지지와 관심을 의미하며 바로 우리의 자존감과 연결된다. 무관심과 무시라는 고통을 피하고 다른 사람들에게 관심과 지지를 받게 한다.

투사의 그림자가
아들에게
드리울 때

　명절 때 친척들이 모이면 지금이나 그때나 자녀 이야기가 주를 이룬다. 친척들은 자식이 공부를 잘한다고 은근히 자랑하거나, 못하면 열심히 한다고 말하고는 했다.

　내 아버지는 성적이 대단하지 못한 나에 대해 실제보다 더욱 짜게 평가해 친척들 앞에서 내 기를 죽이고는 했다. 당연히 친척들 사이에서 나에 대한 기대는 별로 높지 않았다. 나중에 내가 독일에서 학위를 하고 대학 교수가 되었다고 하니 다들 놀란 눈치였지만 아버지가 했던 말은 오랫동안 상처로 남았다. 왜 아버지는 자신의 아들을 가족들 앞에서 낮게 평가하고 실제보다 더 가혹하게 말했을까?

이유는 아버지 스스로가 자신감이 부족했기 때문이었다. 아버지는 당시에 가진 재능과 능력보다 본인 스스로를 낮게 평가했다. 아버지는 사회에서 매사에 용기 있고 흔들리지 않는 의지를 가지고 버티셨지만 늘 자신감이 부족했다. 사람들과는 관계를 잘 유지하고 매사에 성실한 모습으로 인정을 받았는데도 왜 그런지 자존감이 낮았다. 아버지의 이런 모습이 사춘기 시절 내 눈에는 안타까워 보였다.

아버지가 나를 부정적으로 표현하던 당시를 돌아보면, 실제 우리 집 형편이 굉장히 부족하던 시절과 겹친다. 그때는 내가 초등학생이었고, 친가 쪽에서 아버지의 처지는 좋지 못했다. 아버지는 장남이었지만 장남으로서 역할을 다하지 못했다. 셋째 삼촌이 할머니를 모시면서 셋째 삼촌이 장남으로서 대접을 받았다.

| 아들은 아버지의 무의식 |

내 아버지가 나를 실제보다 더욱 낮게 평가했던 행위를 심리학에서는 '투사'라고 말한다. 보통 가족 안에서 아버지의 감정은 아내와 자녀들에게 투사되고는 한다. 아버지는 당신이 느끼는 실망, 불안 그리고 자신감 없음을 아들에게 투사했다. 아버지는 무의식적으로 당신이 가진 이러한 것을 나에게 떠넘긴 것이다.

투사하는 사람이 아닌 투사의 대상이 되면 당황스럽다. 왜냐하면 아버지가 말하는 내용에 대해 동의할 수 없기 때문이다. 아버지는 아들에 대한 평가가 사실 아들이 아닌 자기 내면에서 올라왔다는 사실을 모른다. 그러니 둘 사이에는 벽이 생긴다.

투사는 모든 인간관계 안에서 일어나지만 가장 빈번하게 발생하는 사이가 가족이다. 부부가 서로에게, 아버지가 아들에게, 어머니가 아들에게 행해진다. 아버지가 아들에게, 어머니가 딸에게 투사하는 경우는 대단히 무의식적인 차원에서 일어난다. 아들은 아버지에게, 딸은 어머니에게 지난날 자신의 모습을 비쳐주는 거울이 되기 때문이다. 아버지는 자신의 아들이 성장하는 모습 속에서 어린 시절 자신의 모습을 무의식적으로 마주한다. 과거의 경험 속에서 고통, 실패, 좌절이 있었다면 더욱 강력하게 지금 처한 상황에서 아들에게 투사를 일으킬 가능성이 커진다.

아버지에게 깊은 상처를 가진 사람의 상당수는 바로 아버지가 행한 투사의 희생자인 경우가 많다. 아버지는 자신의 내면에 존재하는 그림자를 건강하게 해소하지 못하고 투사에 의존해서 해결했던 것이다. 인간의 내면에 있는 상처의 그림자는 긴장을 유발하기 때문에 해소되기를 원한다. 그래서 우리는 무의식적으로 투사를 통해서 긴장을 해소한다. 내 아버지도 투사에 의존해서 내면의 긴장을 해소했지만, 안타깝게도 자신의 아들이 상처를 받는 결과를 초래했다.

| 약해 빠진 그림자 |

민수 씨는 가족 전체와 갈등을 빚고 있었다. 어머니와 사사건 건 부딪치고 아버지와는 대화를 전혀 하지 않는 상태가 몇 달이 넘은 상태였다. 남동생은 형의 처지를 이해하면서 가족 안에서 문제를 일으키는 형과는 거리를 두었다.

민수 씨는 가족 안에서 일인자가 되려는듯 주도권 싸움을 벌였 다. 얼마 전에 퇴직한 아버지 대신 어머니가 가족 안에서 주도권 을 행사하자마자 민수 씨는 어머니와 싸우면서 주도권을 뺏으려 고 했다.

나는 40세가 된 민수 씨가 스스로 자기 가정을 이룰 나이가 되 었고, 결혼할 여자 친구가 있는데도 가족 안에서 주도권 싸움을 하는 양상을 이해하기 어려웠다. 하지만 민수 씨의 아버지와 면담 을 통해서 민수 씨 가족 안에 무의식적으로 작동되던 투사의 메커 니즘을 발견했다.

민수 씨의 아버지는 불우한 환경에서 성장했다. 부모가 없어 고 아원에서 살았고, 그곳은 지금과 달리 생존과 안전이 어려운 환경 이었다. 그는 강한 자만이 살아남고 약하면 죽어야 했다고 당시의 생활을 표현했다. 가혹한 성장 환경 속에서 스스로 강해야만 한다 고 느꼈다.

하지만 민수 씨의 아버지는 강했다기보다는 약자에 가까웠고,

이것이 늘 고통과 열등감의 원인이 되었다. 민수 씨를 낳고 나서 민수 씨의 아버지는 어릴 때부터 민수 씨에게 약하면 안 되고 강해야 한다고 가르쳤다. 민수 씨가 그렇지 못한 모습을 보이면 아들을 '하염없이 약해 빠진 녀석'으로 규정하고 한탄했다. 사실 그 말은 민수 씨의 아버지 자신을 향한 말이었지만 민수 씨의 아버지는 어김없이 아들에게 투사했다. 약해 보이는 민수 씨가 힘든 이 세상을 어떻게 살아갈 수 있을지 염려하기까지 했다.

민수 씨가 왜 그렇게 가족 안에서 자신이 강한 사람인지 증명하려 하는지를 알게 된 이야기였다. 그래서 민수 씨는 자신의 가정을 이루는 일도 미루고 아버지에게 자신이 만만하지 않고 강한 사람임을 나타내고 있었다.

우리 자신이 내면에 가진 그림자를 알려면 투사의 내용을 살펴보면 된다. 어떤 사람의 투사를 파악한다고 했을 때, 그가 사람들에 대해 일정하게 불평하는 이야기를 들으면 알 수 있다. 그가 어떤 것을 무슨 이유 때문에 불평하는지 내면을 살피면 분명하게 투사의 실체가 드러난다. 불평의 대상은 다른 사람이지만 불평의 내용은 사실 자기 내면에 속했기 때문이다.

어린 시절 아버지가 친척들 앞에서 나를 낮게 평가하고 비하했던 말은 바로, 아버지 자신의 그림자였다. 민수 씨의 아버지가 아들을 약해 빠진 녀석이라고 평가했던 것도 결국 자신의 내면을 나타낸 것이다.

투사는 내면의 긴장 완화를 위해 필요할 수 있지만 그만큼 위험하다. 우리가 투사를 거둬들이지 않으면, 우리 자신에게 속하는 내용을 계속해서 타인에게 떠넘기게 되기 때문이다.

| 투사를 거두는 법 |

아버지와 아들의 관계는 동등한 위치에 있지 않다. 이러한 관계 안에서 지속적으로 발생하는 투사의 내용은 사실 아들과는 아무런 상관이 없다. 그런데 문제는 이러한 사실을 아들은 그 사실을 알지만, 아버지는 모른다는 것이다. 아버지가 아들과의 관계 안에서 아들을 지속적으로 소외시키면 아들의 전체 인생에 커다란 짐이 된다.

자신감이 없고 매사에 겁이 많은 아버지가 아들이 조금이라도 주저하는 모습을 보이면 겁쟁이라고 놀리기도 한다. 사실 아버지는 자신 안에 있는 겁을 경멸하기에 나온 말이다. 그런데 투사를 통해 겁쟁이에 대한 경멸을 자신이 아닌 아들에게 쏟는다. 또는 자신이 겁이 없다는 것을 보여주기 위해 무모하게 과장해서 행동하기도 한다.

투사를 거둔다는 말은 아버지 자신 안에 겁이 많다는 사실을 인정하면서부터 시작된다. 그러면 타인에게만 향했던 겁쟁이에 대한 경멸과 무시가 다른 모양으로 변모한다. 겁쟁이가 아닌 신중한 사람으로 여기는 식이다. 이것은 내면의 특성이 통합을 이루면서 만들어 내는 황금과 같은 귀한 선물이다.

아버지의 시간은
아들에게로
흐른다

민석이는 한때 영재라는 말을 들었던 우등생이었다. 그런데 고등학교 2학년이 되자마자 갑자기 공부를 하지 않고 하루하루를 보냈다. 공부를 잘했던 아이가 아무런 이유 없이 공부를 하지 않으니 부모는 걱정이 컸다. 민석이가 갑자기 공부를 하지 못하게 된 어떤 사건도 없었다.

나는 민석이와 상담을 하면서 민석이에게 이유를 물었다. 민석이는 자기도 정말 공부를 하고 싶다고 했다. 공부하지 않고 시간을 보내는 일이 너무 지루하고 힘들다고 했다. 오히려 민석이는 나에게 인생에서 공부해야 할 이유를 찾아 주면 좋겠다고 제안했다.

모든 답은 민석이의 아버지, 형만 씨를 만나면서 풀렸다. 형만 씨는 말 그대로 지나치게 자기의 감정을 억압하는 모범생, 바른 생활의 남자였다. 평생 단 한 번도 비뚤어지거나 잘못된 행동을 하지 않고 오직 바른 길을 걸어온 사람이었다.

형만 씨는 명문 대학 출신으로 여전히 성실과 근면한 가장이었다. 겉으로 보면 게으르고 무기력한 아들과 똑똑하고 근면 성실한 아버지가 대조되어 보였다. 또 공부하지 않는 아들은 공부를 뛰어나게 잘했고 여전히 자기 직업 영역에서 최고인 아버지와 비교되었다. 나는 아버지와 아들이 지나치게 반대적인 성향을 보이는 점에 주목했다.

| 같은 시기, 다른 시간 |

형만 씨에게 일생에 있어 고등학교 2학년 시기는 대단히 의미 있는 사건이 벌어진 해였다. 형만 씨는 고등학교 2학년 당시에 아버지의 죽음을 갑자기 경험했다. 형만 씨는 집안이 몹시 어려워진 상황 속에서 불굴의 의지로 공부를 해서 명문 대학에 입학했다. 졸업을 하고 한 가정의 가장으로 집안을 구한 영웅처럼 살았다. 형만 씨는 지금도 그렇게 열심히 최선을 다해서 살고 있다.

놀라운 점은 아버지 형만 씨와 아들 민석이에게 '고등학교 2학년 시기'가 주는 의미이다. 민석이는 고등학교 2학년이 되기 전까지는 평범한 또래 학생들처럼 열심히 학업에 열중이던 아이였다. 그러다가 고등학교 2학년이 되자마자 알 수 없는 무기력에 빠져들었다.

민석이와 형만 씨 사이에는 에머슨이 말한 '보상이론'이 작동하고 있었다. 아버지의 지나친 불균형이 아들 세대에 반대적 행동을 통해 균형을 맞추려고 했다. 완벽한 아버지와 게으르고 무기력한 아들이라는 대비 속에서 균형을 유지하려는 힘이 작동하고 있었다.

민석이가 게으르고 무기력해진 증상에도 분명한 의미가 있을 것이다. 한쪽이 너무 불균형을 이루면 다른 쪽은 그 불균형에 균형을 맞추기 위해 정반대로 행동하게 된다. 민석이를 다시 정상적인 고등학생으로 돌아오게 할 수 있는 방법은 민석이로부터 나올 수 없는 것일 수 있다. 도리어 형만 씨가 왜 오랫동안 균형을 이루려는 삶의 방식을 추구하는지 그 이유에 대해 살펴볼 필요가 있다.

우리의 인생은 무조건 열심히 노력한다고 잘되지 않는다. 어느 정도까지는 참고, 억압하고, 버텨야 하지만 그것이 계속될 수는 없다. 그러한 삶의 방식의 결과가 놀랍게도 노력했던 사람이 아닌 자식의 인생에 그림자를 드리우며 나타난다. 아버지와 아들 사이에 무엇이 있기에 아버지에게 나타나지 않던 그림자가 아들에게 나타나는 것일까?

| 39세의 아버지와 나 |

나는 춘천에서 어린 시절을 보내고 초등학교 2학년 때 서울로 전학을 왔다. 춘천은 아직도 나에게 고향처럼 느껴진다. 소양강 댐, 경춘선, 북한강 모든 모습이 내 가슴에 아련히 남아 있다.

아버지는 서울로 이사를 오자마자 나에게 운동화를 사 주었다. 내 평생 처음 '운동화'라는 신발을 신었다. 어린이 운동화라서 반짝이는 색깔과 편안함이 너무 좋았다. 춘천에서는 신어 보지 못한 신발이었다. 아이들은 대부분 고무신을 신고 다녔고, 나도 흰 고무신을 신고 다녔다. 서울에서는 고무신을 신은 아이들이 안 보여서 신기했다.

어린 나에게는 즐거운 일이었지만 우리 가족의 서울행은 다소 무모했다. 39세 아버지는 혈혈단신 아무 연고가 없는 서울로 무작정 우리를 데리고 이사를 했던 것이다. 그때 아버지는 직업도 없었다.

아버지의 고향은 경남 창원이나. 고등학교를 졸업하고 수도권으로 올라와서 폭풍우 같은 인생을 살았다. 아버지는 상고를 졸업하고 당시 2년제인 부산교대에 들어가서 교사가 되려 했으나 형편이 어려워서 사회생활을 일찍 해야 했다. 가난한 가정의 장남이 짊어져야 했던 삶의 무게가 있었다. 그렇게 장남의 역할을 다하다가 아버지는 30세에 결혼을 했다. 당시 풍조로 보아 대단히 늦게 결혼을 한 셈이다.

아버지는 오랜 시간을 생존의 문제를 해결해야 했다. 가난한 가정의 장남으로서 결혼해서도 원 가족의 생계를 책임져야 했다. 아버지는 녹녹하지 않은 상황 속에서 가장으로서 책임을 지기 위해 부단히 애써야 했다.

나와 아버지의 39세를 비교해 보면, 너무나 다른 상황을 보냈다. 나의 39세에는 한 대학에서 전임 교수를 지낸 지 1년이 지난 시기였다. 그 어느 때보다 여유롭고 편안했던 시간이었다. 학교에 적응을 마쳤고 어린 아들을 데리고 늘 주말과 휴일에 여행을 다녔다. 아내도 비슷한 시기에 한 대학에서 교수가 되었고, 부자는 아니지만 여유로운 30대 후반을 보냈다. 내 아들은 나와 다르게 부모가 교수라서 부족함 없는 유년기를 보내고 있었다.

나의 39세가 아버지와 다를 수 있는 이유는 내 아버지가 39세 때 열심을 다한 노력 때문이었다. 서울에 올라온 아버지는 가족을 위해 최선을 다했고 주어진 삶에 고군분투했으며, 후에 아들 부부를 독일에서 유학을 마치도록 도왔다.

아버지가 고생하고 길을 열어 놓았기에, 내 인생은 많이 달라질 수 있었다. 아버지의 고생 덕분에 어쩌면 나는 아예 출발선 자체가 달랐다. 아들이 자신보다 더 나은 삶을 살기를 바랐던 부모의 헌신과 희생으로 얻은 출발선이었다.

우리의 삶은 천상천하 유아독존이 아니다. 우리는 자신이 태어난 가족의 일원이고 동의하든 하지 않든 가족의 일원이 된다. 이전 세대의 고생과 헌신은 다음 세대 자식들에게 다른 인생을 살 기회를 제공한다. 아들이 갖는 기회는 한 세대의 수고와 애씀이 전제된다. 아버지의 애씀으로 우리에게 기회가 만들어진다.

| 세대와 세대의 연결 |

19세기 미국의 사상가이자 시인인 랄프 왈도 에머슨Ralph Waldo Emerson의 보상이론에 의하면 세상은 양극성으로 작용과 반작용으로 이루어진다. 바다의 파도가 가장 높은 파고에서 빠르게 수평을 찾으려 하듯이 다양한 조건들도 스스로 균형을 잡으려는 경향을 갖는다는 것이다. 에머슨은 인생의 모든 부분에서 그 균형을 조절하는 완벽한 공평함이 존재한다고 말했다.

우리가 경험하는 모든 것은 보상체계로 이루어져 있으며 한 곳이 비면 그 자리는 다른 것으로 메워진다. 이러한 보상이론에 따르면 세계에는 주고받음의 절대적인 균형이 있기에, 모든 것에는 그 값이 존재한다는 원칙이다. 보상이론은 하나를 잃으면 다른 하나를 얻고, 하나를 얻으면 다른 하나를 잃는다는 의미가 있다. 한 부분이 진보하면 즉시 다른 부분이 후퇴한다.

세대도 마찬가지이다. 한 세대의 한 부분에서 과잉이 일어나면 다른 세대에서는 감소가 일어난다. 아버지 세대의 고생은 궁극적으로 보상을 받게 되는데 그러한 보상에는 아들 세대가 상대적으로 덜 고생하는 것을 통해 균형을 이루는 일도 포함될 수 있다. 아버지 세대와 아들 세대 사이에 균형이 이루어짐을 통해 공평함이 이루어지게 된다.

성공한 아들은 자신의 입장에서는 자기가 노력해서 지금의 자신이 되었다고 생각할 수 있다. 그러나 지금의 자신이 될 수 있었던 이유는 그만큼 자원이 있었기 때문이다. 이 부분을 기억하고 감사할 수 있어야 한다. 비록 그 과정에서 아버지와 갈등, 의견 충돌, 비판 등 수많은 사연이 있었더라도 아버지 세대의 애씀이 존재했기에 가능했다는 사실을 기억한다면 조금 더 관대해질 수 있다.

미국에서 중산층에서 하위층으로 떨어졌을 때 다시 중산층으로 진입하기 위해서 최소 2~3세대가 걸린다고 한다. 몇몇 특수한 경우를 빼고 계층을 이동하려면 단지 개인의 노력만으로는 어렵다는 사실을 보여준다.

이전 세대의 고생과 헌신은 다음 세대 자식들에게
다른 인생을 살 기회를 제공한다.
아들이 갖는 기회는 한 세대의 수고와 애씀이 전제된다.

미국의 가족치료사 보스조르메니-나지$^{Ivan\ Boszormenyi-Nagy}$는 가족 안에는 보이지 않는 '장부'가 존재한다고 본다. 이 장부에는 모든 가족 구성원의 관계에 대한 균형이 기록되어 있다. 한 세대에서 무엇인가 균형 밖으로 떨어져 나온다면, 그다음 세대는 이 불균형을 바로잡으려 시도하게 된다. 이러한 균형의 법칙은 의식적으로, 무의식적으로 모든 가족과 가족구성원에게 존재한다. 이러한 나지의 관점에서 아버지와 아들의 문제를 바라보면 단순히 현시점으로만 볼 수 없다. 이전 세대와 더 나아가 더 이전 세대와의 상호 연관성을 통해 드러난 문제를 보게 된다. 즉, 더 큰 그림으로 아버지와 아들의 문제를 볼 수 있다. 현재 가족에게 존재하는 문제는 지금 발생한 것만이 아닌 좀 더 근본적인 원인이 존재한다는 사실을 깨닫는다. 이전 세대와 연결해서 봄으로써 현재와 과거의 가족을 마치 하나의 그림처럼 볼 수 있게 된다.

39세 때 무작정 서울로 올라와서 가족의 생존과 안정을 위해 애쓴 내 아버지는 나의 39세와 연결되어 있었다.

고등학교 2학년 때 아버지를 잃고 혼란에 휩싸인 상황 속에서 지나치게 참고 억압했던 민석이의 아버지 형만 씨와 지금의 아들 민석이는 연결되어 있었다.

아버지는 자기 인생을 살아가지만, 그 인생에 아들의 인생이 연결되어 있다. 아버지의 삶의 방식, 선택, 갈등 등 수많은 것이

나비효과처럼 아들의 삶에 영향을 미친다. 이것은 아버지에게는 무거운 책임감인 동시에 삶의 의미를 제공해 준다. 아버지로서 살아가고, 버티고, 또는 내려놓아야 할 분명한 이유가 된다.

그렇게
아버지가
된다

고레에다 히로카즈 감독의 영화 〈그렇게 아버지가 된다〉에서
아버지 료타는 엘리트 건축가이다. 한 번도 져본 적이 없으며 매
사에 경쟁적이며 엄격하고 냉정한 아버지이다. 아들 케이타가 병
원에서 뒤바뀐 사실을 처음 들었을 때 그의 첫 마디는 "역시 그랬
군"이었다. 매사에 느리고 별로 똑똑하지 않은 아들이 자신이 낳
은 아들이 아닌 뒤바뀐 아들이었기 때문이라는 뜻이다. 진짜 아
들이라면 자기처럼 경쟁에서 지지 않는 모습을 보이리라는 좀 섬
뜩한 의미가 있다. 처음에는 냉정하게 자신의 핏줄인 류세이에
집중하고, 키운 아들 케이타를 외면하다가 점차 케이타를 향한
아버지의 사랑을 깨닫고 아버지가 되어 간다.

자신의 아들이 자신과 닮으리라는 믿음은 아버지들이 저지르는 아주 오래된 오류 중 하나다. 그렇지 않을 가능성이 더 높다. 닮은 부분이 있더라도 그것은 아들에게는 전체가 아닌 한 면에 속한다.

료타의 아버지는 경마와 도박을 하는 료타와는 반대되는 사람이다. 그래서 료타와 아버지 사이는 데면데면하다. 아버지와 아들 사이에 닮은 점과 차이점은 단순히 겉보기에 외모가 다르다는 것이고, 더 나아가 생각보다 둘의 관계에서 복잡하게 작동한다.

초등학교 1학년 아들을 둔 수철 씨 부부는 학교 담임 교사에게 면담을 요청받았다. 수철 씨의 아이가 다른 아이들에 비해 학습 능력이 부족하고 반 아이들과도 잘 어울리지 못한다는 이유에서였다. 아내가 함께 학교에 가자고 했으나 수철 씨는 차일피일 여러 핑계를 대며 결국은 학교에 가지 않았다. 당연히 아내는 아이의 학습에 별 관심이 없는 남편에게 서운해했다.

나는 수철 씨를 상담하면서 지금 수철 씨의 아이가 교실에서 행동하는 모습이 정확하게 오래전 수철 씨의 모습임을 알게 되었다. 수철 씨는 잊고 있던 지난날 자신의 열등한 모습을 기억나게 하는 자신의 아들을 거부했다. 수철 씨는 아이에게 관심이 없는 것이 아니다. 단지, 무의식적으로 자신의 어린 시절 모습을 보고 싶지 않은 것이다.

| 아들이 두려운 이유 |

아내들보다는 남편들이 아버지가 되기를 거부하는 경향을 보인다. 자녀의 출산을 거부하는 중요한 이유 중의 하나가 어렸을 때 자신이 당한 문제가 비슷하게 발생하거나 아버지와 겪은 갈등이 재연될 수 있다는 두려움 때문이다. 이러한 이유에서 어떤 자녀가 유난히 자신을 닮았다면 특정 자녀를 거부하는 경우가 발생한다. 거부당한 자녀의 삶은 대단히 힘들어져 거부당할 당시만이 아닌, 인생 전체에서 오랫동안 이 문제를 끌어안고 씨름해야 한다.

일반적으로 아버지는 자신과 닮은 모습을 자녀에게서 발견하면 신기하고 기쁘다. 자신이 자녀를 통해 영속되는 느낌을 받기 때문이다. 하지만 아버지가 어린 시절 특정 상처를 갖고 있는 경우, 보고 싶지 않은 이면을 자녀에게서 보게 되면 거부하거나 회피하려고 한다. 그것은 자녀에 대한 애정의 문제가 아닌 자기 자신의 문제 때문이다. 아버지가 자신과 닮은 자녀의 모습을 거부하는 행위의 이면에는 상처가 있다. 그리고 지금도 여전히 내면에서 상처가 해결되지 못하고 있음을 반증한다.

내 아들은 내가 독일에서 유학을 하는 시기에 태어났다. 나와 아내는 박사 과정을 밟고 있었고 그 어느 때보다 학구열을 불태

웠다. 그 시기에 아들도 태어났다. 나는 은근히 아들은 분명히 공부를 잘하리라는 믿음을 가졌다. 그러나 초등학교에 들어가서 신통치 못한 성적과 한글마저 다른 아이들에 비해 늦게 익히는 모습을 보면서 당황스러웠다.

독일 교육 제도에서 초등 과정은 매우 중요하다. 이 시기 미래의 진로를 거의 결정하게 된다. 그만큼 그 어느 때보다 중요한 시기이다. 아들은 초등학교 3학년 때까지는 중간 정도로 성적을 보였다. 그런데 독일에서 계속해서 살았다면 이 성적으로는 인문계 고등학교 김나지움(Gymnasium)에 진학할 수 없었고 실업계 학교에 가야 하는 성적이었다. 이때 나는 몹시 조급하고 화가 났고 아들에게 공부로 스트레스를 주었다.

돌아보니 아들의 성적이 지난날 나의 성적과 유사하다는 사실을 더욱 받아들이기 어려웠던 듯하다. 당시에 내가 학자로 살고 있다는 것은 큰 의미가 없었다. 아들보다도 내 안에 여전히 똬리를 튼 열등생에 가까웠던 어린 시절의 나를 받아들이거나 수용할 마음이 없었던 것이다.

지금 아들은 삼수생이다. 고생하는 아들을 보면 가슴이 아프다. 그런데 놀라운 것은 성적이 수직 상승을 한다는 사실이다. 나도 '대기만성형'으로 어릴 때보다는 성인이 되어서 학업의 성취가 좋았다. 모든 면에서 내 아들은 아버지인 나를 닮아간다. 신기한 경험이다.

수철 씨 역시 아들이 학교에서 학습과 적응에서 뒤처지는 모습을 너무 싫어했다. 그리고 아들 문제를 해결하기 위한 부모로서의 역할마저도 회피했다. 내가 내 아들의 성적을 직면하기 힘들었던 것처럼 수철 씨가 아들에 대해 싫어하는 감정은 엄밀한 의미에서 아들에게서 만들어지지는 않는다.

　수철 씨는 아들의 특정 모습을 통해 지난날 자신의 해결되지 않은 상처인 열등하고 뒤처졌던 모습을 거울을 보듯이 보게 된 것이다. 자기 자신에 대한 거부와 수용하고 싶지 않은 마음이 투사되어 나타났다. 엄밀하게 말해서 아버지와 아들이 정말 똑같을 수는 없다. 비슷한 면도 있지만 차이가 있다. 그런데 그러한 차이를 인식하지 못하고 부정적으로 받아들이고 거부하는 자세는 부정적 투사의 결과이다. 드러난 아들의 단면을 보고 자기 내면에 있던 그림자로만 인식한 것이다.

　이러한 부정적 투사와 더불어 그 반대편에는 긍정적 투사가 존재한다. 긍정적 투사가 일어나면 특정 자녀를 지나치게 좋게 평가하고 좋아한다.

　긍정적인 투사에서 긍정적으로 보는 자신의 인격적인 측면을 다른 사람들에게 투사한다. 부정적인 투사가 다른 사람에게 불만, 불평, 거부감을 표현하는 데 비해, 긍정적인 투사는 타인을 우상화하거나 이상적으로 만든다. 긍정적인 투사는 우리 자신이 아직 인식하지 못한 우리 자신의 가능성을 구체화한다.

우리가 우리 자신의 내부에서 부정적인 측면을 인식하지 못하기 때문에 타인들에게 부정적인 그림자를 투사하듯, 우리는 우리 내부에서 인식하지 못한 긍정적인 측면을 타인의 반사를 통해서 인식하게 된다. 어른들은 아이들의 생애 초기에 아이들에게 긍정적인 성향을 투사하는 편이 일반적인데, 이는 어른인 자신들은 결코 이룰 수 없는 것을 아이는 이룰 수 있는 어떤 특별한 재능을 가졌다고 생각하게 한다.

부정적인 투사를 받는 아들도 힘들지만, 긍정적 투사의 대상인 아들도 힘들기는 마찬가지다. 상대를 있는 그대로 보지 못하고 자신의 열망을 투사하기에 실제로 투사의 대상이 된 아들은 혼란스러움, 열등감, 수치심, 죄책감으로 고통을 받게 된다. 그렇게 긍정적 투사도 상대를 소외시킨다.

| 혼란스러움, 열등감, 수치심 |

철민 씨는 남들이 부러워하는 회사원이다. 대기업에 다니면서 나름 자기의 삶을 충분히 누릴만 한데 그에게 깊은 열등감이 그를 괴롭혔다. 바로, 아버지 때문이었다. 철민 씨의 아버지는 가정 형편이 어려워서 학교를 다니지 못했다. 하지만 뛰어난 학구열과 성실함으로 자수성가한 사업가가 되었다.

철민 씨의 아버지는 마음속에 자신이 학교만 제대로 다녔다면 훨씬 다른 인생을 살았으리라는 마음의 응어리를 갖고 있다. 철민 씨의 아버지는 고위 공무원이 되어 공직자로서 인생을 살고 싶어 했던 젊은 날의 꿈이 있었다.

철민 씨의 아버지는 결혼해서 삼 남매를 두었는데 그중에서 철민 씨는 둘째였다. 철민 씨는 어릴 때부터 총명해서 한번 가르치면 잊지 않는 좋은 머리도 가진 아들이었다. 아버지는 철민 씨를 자녀들 중에서 특별 대우하며 무한한 신뢰와 기대를 품었다. 철민 씨는 아버지가 이루지 못한 꿈을 실현할 영웅이었던 셈이다.

철민 씨는 아버지의 뜻대로 몇 번 공무원 시험을 보았으나 실패하고 회사에 들어갔다. 대기업이지만 평범한 회사원이 되자마자 아버지의 태도는 완전히 달라졌다. 아들에 대한 긍정적 투사를 거두었고 그 결과 부정적 투사로 바뀌었다.

지금의 삶도 충분히 가치 있고 소중한 삶이었지만 아버지의 열망을 이뤄 주지 못한 패배감과 열등감이 아들 철민 씨를 고통스럽게 만들었다.

| 두 개의 다른 마음 |

아버지에게 아들은 자신을 비추는 두 개의 거울과 같다. 하나는 자신의 열망을 비추는 긍정적 투사, 또 다른 하나는 자신의 해결되지 않는 그림자를 투사하는 부정적 투사이다.

투사의 과정에서 긍정적이든 부정적이든 감정이 만들어지면 강력한 에너지를 만들어 낸다. 우리는 자신의 내면을 인정하지 않으면 않을수록 그것을 다른 사람에게 투사한다. 그리고 투사함으로써 자신의 감정을 상대방에게 돌린다.

아버지가 아들에게 투사를 하는 순간, 자기 안에 있던 부정적 감정이 더 이상 자신의 마음속에서만 일어나는 일이 아니게 된다. 아버지와 아들의 관계 안에서 구체적으로 드러난다.

아버지는 아들을 그대로 보지 못한다. 자신의 경험 속에서 만들어진 고정된 채널로만 본다. 현실의 차이와 다른 맥락은 무시된다. 투사의 대상이 된 아들은 답답하고 화가 날 것이다. 자기 인생이 아닌 아버지의 인생에서 온 수치심과 죄책감에 고통을 받기 때문이다.

아들과의 관계에서 지속해서 투사가 작동하면 대단히 불행한 일이다. 아들에게는 말할 것도 없이 아버지 자신에게도 불행하다. 투사하는 아버지나 투사의 대상인 아들 모두 고통스러운 관계를 형성할 수밖에 없다.

아버지와 아들 사이에 발생하는 투사를 살펴보면, 가족 안에서 아버지에게 받은 상처가 왜 수없이 발생하는지를 생각하게 된다.

아버지는 무의식적으로 작동되는 투사의 메커니즘을 알지 못하고, 자신이 틀리지 않다고 생각하고 자신의 마음과 감정이 끌리는 대로 행동한다.

이유 없이 싫어지는 감정에는 반드시 투사가 있다. 이유가 없이 싫어지기 때문에, 무언가 자신이 싫어하는 궁색한 이유를 찾는다. 하지만 그 이유는 이유 없이 그냥 싫어지는 감정에 대한 충분한 설명이 안 된다.

우리가 이전에 누군가에게서 발견하고 비판하고 거부했던 부정적인 특성들을 바로 자신에게서 발견하게 되면 우리는 더 이상 다른 사람들을 부정적으로 판단할 수 없다. 그러니 이제 우리는 우리가 이전에 투사를 보냈던 사람들에 대해 더욱 관대할 필요가 있다.

투사를 거두는 일은 자신의 내면에 있던 수용할 수 없고 인정하기 싫은 부분을 통합함을 의미한다. 우리 자신으로부터 거부되어 분리되었던 것이, 이제는 우리의 일부로 수용됨을 의미한다. 투사를 거두면 자기 내면에 존재하던 긴장과 갈등이 통합하여 전체를 이룬다.

칼 융은 투사를 거두게 되면 비로소 자기 내면 안에 있던 황금을 발견할 수 있다고 말한다. 만약 아버지인 당신이 아들에게 다

른 사람에 투사함으로써 내면의 갈등을 해결하려고 했다면, 이제
는 벗어날 시간이다. 그렇게 되면 인격적으로 성숙하고 지혜로운
아버지가 될 수 있을 것이다.

인정받고
싶은
남자들

세상의 아들들이 아버지에게 가장 바라는 것은 무엇일까? 아마도 '아버지의 인정'일 것이다. 남자들은 인정받고 싶어 한다. 그들 스스로뿐만 아니라 다른 사람들, 아내와 자녀들에게 인정받기를 간절히 원한다. 그중에서도 아버지에게 인정받는 일은 아들의 인생에서 커다란 의미를 부여받는 일이다. 왜냐하면 아버지에게 인정받기란 가장 어려운 일 중 하나이기 때문이다.

독일 하이델베르크 대학 교수이자 가족치료사인 헤름 슈티얼린Helm Stierlin은 부모는 자녀에게 자신의 미해결의 과제를 위임한다고 말했다. 아버지로부터 무언가를 위임받은 아들은 자신의 인생이 더는 자신의 것이 아니게 된다.

아들은 아버지가 자신에게 위임한 미션을 수행해야만 한다. 비록 그것이 아들의 인생을 위한 것이라 할지라도, 아들의 어깨에 짐으로 지워진다. 아버지가 아들의 어깨 위에 올려놓은 미션을 수행하면 인정받는 아들이 될 수 있다. 그러나 아들은 아버지에게 위임받는 순간, 더는 자기 스스로 인생을 살아갈 수 없고 오직 그 미션을 수행해야 할 존재일 뿐이다.

나는 슈티얼린이 말한 '아버지가 아들에게 자기의 미해결의 과제를 위임하는 것'을 한국의 가정 안에서 많이 보았다. 한국인은 다른 어떤 민족보다 목표 지향적이다. 아버지가 이루지 못한 무언가는 자식이라도 이루어야 하는 문화가 있다.

가난하고 살기 어려웠던 시절, 상당수의 부모는 오직 자녀의 교육을 위해 많은 것을 기꺼이 희생하며 살았다. 비록 부모는 가난하고 일하기 힘든 직업을 가졌지만 자녀만큼은 다른 인생을 살게 해 주고 싶은 바람에서였다. 이러한 부모 세대의 희생은 자녀 세대에게는 다른 삶을 살 수 있게 하는 기회가 되었지만 역설적이게도 그들의 어깨 위에는 부모의 바람을 이루어야 할 무거운 과제가 되었디.

| 위임받은 인생의 숙제 |

외국에서 주재원으로 일하는 영수 씨는 오랜만에 한국에 와서 가족을 만나고 깊은 갈등에 휩싸였다. 영수 씨는 오랜만에 만난 부모가 여전히 자신의 아내를 받아들이지 않는 모습을 보고 수심이 깊어졌다.

영수 씨의 아버지 만근 씨는 가난한 가정 형편 때문에 대학을 갈 수 없어서 장사를 해서 자수성가했다. 하지만 동업자와의 반목과 갈등으로 큰 어려움을 당했다. 당시 검찰의 조사 과정에서 만근 씨는 자존심에 큰 상처를 받았다. 만근 씨는 비록 자신은 대학을 가지 못해서 기회가 없었지만, 아들 영수 씨가 법조인이 되기를 바랐다. 가난한 가정에 태어나 대학을 갈 수 없었던 아버지가 자신이 경험한 굴욕감을 해결하려는 시도였다.

영수 씨는 어릴 때부터 암묵적으로 법대를 가야 했다. 적성도 맞지 않았지만 아버지 만근 씨의 소망처럼 명문 대학 법대를 진학했다. 하지만 졸업 후 사법고시를 준비했지만 도저히 영수 씨의 적성에 맞지 않았다. 영수 씨는 자신이 무역과 관련된 비즈니스가 더 어울린다고 생각했고 몇 번의 의미 없는 낙방을 하고 회사에 취업을 했다.

만근 씨의 반대는 엄청났고 회사생활을 하는 내내 갈등은 이어졌다. 영수 씨에게 만근 씨는 너무나 완고하고 강한 아버지였다.

강한 의지와 용기만으로 무에서 유를 이룬 아버지였다. 만근 씨는 공부할 기회조차 없었지만 아들에게는 무한대로 지원할 수 있기에 아들이 하는 '적성이 맞지 않는다'라는 말을 변명으로만 들었다.

이처럼 영수 씨는 자신이 아버지의 인생에서 나온 미해결의 과제를 해결하기 위해서 살아야만 했다. 만근 씨가 원하는 사법고시를 마치지 못하고, 만근 씨 입장에서는 이른 결혼을 하고 외국에까지 나간 아들이 받아들여지지 않았다. 영수 씨는 아버지가 자신에게 위임한 과제를 끝까지 수행하지 못해서 오는 갈등과 죄책감의 고통 속에서 혼란스러워하고 있었다.

사실 아버지가 위임한 과제를 잘 수행한 아들은 현실적으로 소수에 불과하다. 많은 아들들이 무척 힘겹게 아버지가 위임한 과업을 수행한다. 위임한 과제 자체는 아들의 인생을 반영하지 않기에 아들은 힘들 수밖에 없다. 예를 들어 다양한 호기심을 갖고 자유로운 성향을 지닌 아들이 한 곳으로 모든 에너지를 쏟아야 하는 '고시생'의 역할을 잘 수행하기란 어려운 일이다. 운동에 별다른 재능이 없는 아들이 '스포츠 스타'가 되기를 바라는 아버지의 열망을 수행하려면 너무 버거울 것이다. 공무에 별다른 흥미를 갖지 못하고 음악에 관심이 있는 아들이 '의사'가 되기란 쉽지 않은 일이다.

아버지의 위임을 잘 수행하지 못한 아들은 심리적으로 힘든 상태에 빠진다. 자신이 실패했고 성공하지 못했다는 패배감이 먼저 그를 괴롭힌다. 이것은 아들에게 뿌리 깊은 열등감으로 남는다. 열등감이 아들의 것만이 아닌 아버지의 열등감까지 이어졌기 때문에 아주 뿌리가 깊다.

아버지가 아들에게 부여한 위임의 내용은 아버지의 열등감과 관련되었기에 아들이 느끼는 열등감의 깊이는 대단히 무겁다. 아들이 위임받은 미션을 수행하지 못했을 때 느끼는 열등감은 아버지에서 아들에게 넘겨진 열등감이기에 더욱 고통스러울 수 있다.

| 숙제를 해내도 괴롭다 |

아버지의 위임을 제대로 수행하지 못한 아들은 자신에게 과도한 임무를 부여한 아버지로부터 벗어나려고 애를 쓰게 된다. 아들이 위임의 상황 속에서 벗어나는 길은 아버지와 거리를 두는 것이다. 이를 통해서 아들은 아버지가 부여한 과제로부터 자유롭게 되길 바라지만, 이러한 아들의 바람은 아버지와 아들 사이에 긴장과 갈등을 불러일으킨다.

당연히 아버지는 자신과 거리를 두려는 아들을 달가워하기 어렵고 아들은 여기서 심한 갈등에 빠진다. 아버지로부터 독립하려는 움직임이 압박을 받는다. 아버지의 지지와 인정 없이 독립하려는 불안정한 위치에 선 아들은 끊임없이 자신의 내면에서 올라오는 열등감으로부터 고통을 당한다.

아버지로부터 거리를 두려는 움직임은 아버지와의 관계 안에서 실제적인 긴장과 갈등을 야기하고 이러한 긴장감은 아들 내면에 있는 열등감을 자극하면서 아들을 더욱 고통스럽게 만든다. 유학이나 이민으로 아버지를 떠나거나, 아버지가 요구한 길이 아닌 자기의 길을 찾아서 살아가든지, 아니면 자신감을 잃어버리고 위축되어 아버지 주변에서 살아갈 수 있다.

과연 아들은 어떤 인생을 선택해야 하는가? 또 아버지는 아들에게 어떻게 해야 하는가?

아버지의 소원대로 의사가 된 아들이 있다. 아버지는 자신의 형제 모두가 의사가 되었으나 본인만 의사가 되지 못했다. 아버지는 자신의 열등감을 아들에게 위임했다. 아들은 어릴 때부터 인생의 길이 이미 정해져 있었다. 무슨 일이 있든지 의대에 들어가서 의사가 되어야 할 임무를 아버지로부터 받은 것이다. 아들은 아버지의 뜻을 따랐고 의대에 들어가서 의사가 되었다. 아버지의 오랜 열등감을 해결할 수 있는 숙제를 해낸 것이다.

그러나 부여된 임무를 마쳤다고 행복한 결말은 아니다. 아들은 오랫동안 자신의 욕망이 아닌 아버지의 욕망을 자신 것으로 받아

아버지의 위임을 잘 수행하지 못한
아들은 심리적으로 힘든 상태에 빠진다.
자신이 실패했고 성공하지 못했다는 패배감이 먼저 그를 괴롭힌다.
이것은 아들에게 뿌리 깊은 열등감으로 남는다.

들이고 살았다. 그러다 보니 자신이 무엇을 원하는지 모르고, 자기 자신으로 사는 법을 잊어버렸다. 타인의 욕구를 자기의 욕구로 받아들이고 사는 삶의 방식에 길들여 있었고 이제는 대상이 다를 뿐 주변 사람들의 욕구대로 인생을 살아갔다.

타인의 욕구를 잘 알아차리고 그것을 해결하기 위해 언제나 성실하게 사는 그의 모습이 왠지 씁쓸하고 안타까워 보였다. 늘 지쳐 보였고 자기 내면에서 올라오는 감정에 의해서가 아닌 포장된 인위적 가면 속에서 사는 듯 보였다. 여기서 아들이 잘못한 것은 없다. 그저 어릴 때부터 지금까지 길들여져 살았을 뿐이다.

아버지는 아들에 앞서서 한 세대를 살아왔다. 아들은 이런 아버지에게 의존할 수밖에 없다. 안타깝게도 아버지가 자신이 걸어왔던 여정에서 마주쳤을 좌절과 실패는 열등감으로 아버지의 내면에 뿌리를 내리고 자신도 모르게 아들에게 넘겨 버린다.

여기서 아버지를 가해자라고 말할 수 있는가? 아들 인생의 방해자라는 단순한 흑백 논리로 아버지를 비난할 수 없다. 아들은 아버지에게 영향을 받을 수밖에 없다. 특히 직업과 같은 주제는 아버지로부터 깊은 영향을 받는다. 다만, 아버지는 아들에게 선택권을 허용해야 한다. 결국 자기 인생을 위한 선택은 아들의 몫으로 남겨 놓아야 한다.

많은 부모가 자식에게 명확하게 선택을 강요하지 않지만 암묵적으로 다른 선택은 허용되지 않는다는 메시지를 보낸다. 말로는 "너의 선택을 존중한다"라고 하지만 그것은 자녀 입장에서는 말 뿐이다. 아들은 자신에게 다른 선택은 허용되지 않는다는 사실을 안다.

내 아들은 나와 아내처럼 심리상담 분야 교수가 되고 싶어 한다. 언젠가부터 아들과 대화하면 자연스럽게 교수가 되고 싶다고 말했다. 아버지와 아들의 삶과 직업이 비슷하거나 똑같다면 연속성이 생겨서 좋은 듯하지만, 한편 다르게 생각해 보면 너무 밋밋하고 재미없는 모습은 아닌지 생각하게 된다.

하지만 선택은 아들의 몫으로 남겨 놓으려 한다. 대학을 들어가 보고 좀 더 자신의 적성과 관심에 맞는다면 나는 아들의 선택을 존중할 생각이다. 아버지의 그늘에서 벗어나서 아들 스스로 다양성과 개방성, 새로움과 창조성, 자발성을 선택해 자신의 의지로 사는 가치 있는 삶을 이루길 바란다.

아버지라는
빛과
그림자

　요즘 주변을 보면 아버지의 직업을 자연스럽게 자식이 이어받는 사례를 보게 된다. 사업이나 장사만이 아닌 의사와 변호사, 교수 같은 전문직도 자식에게 이어지는 모습을 흔히 본다.

　아버지의 직업을 아들이 물려받으면 장점은 많다. 아버지가 쌓은 평생의 노하우를 기반으로 더 잘할 수 있다. 그러나 아들이 자발적이든 강요에 의해서든 아버지의 권위에 반발이 전혀 없고 세대 갈등 없이 아버지와 같은 일을 한다고 생각해 보자. 아버지의 가치와 정치 사상까지 똑같이 물려받으면, 이는 아버지가 원하지는 않았지만 아들의 생명 일부를 파괴하는 것일 수 있다. 아버지의 인생 속에서 얻을 수 있는 장점이 많지만 반면에 독립적이고 자기 주도적인 아들의 삶을 살지 못한다는 한계성이 있다.

아버지와 아들 두 사람의 삶을 서로 비교해 보면 그동안 보이지 않던 부분이 분명하게 드러난다. 가족 안에서 일어나는 일은 겉으로 드러난 것과 숨겨진 것이 작동한다. 숨겨진 부분에서 작동하는 측면은 아버지와 아들을 서로 비교함으로써 찾아낼 수 있다.

독일의 가족 치료사 버트 헬링거Bert Hellinger는 가족 안에서 일어나는 일을 가족이라는 큰 그림 속에서 보기를 권한다. 그렇게 해야 가족 안에서 개인이 이해할 수 없던 부분을 명확하게 볼 수 있다는 것이다. 보스조르메니-나지는 아버지 세대에서 무엇인가 균형 밖으로 떨어져 나온다면, 그다음 아들 세대는 이 불균형을 바로잡으려 시도하게 된다고 했다. 이러한 불균형을 균형으로 바로잡으려는 법칙은 의식적으로든 무의식적으로든 모든 가족과 가족 구성원에게 존재한다. 이러한 가족 안에서 불균형을 잡으려는 원심력은 어머니와 딸, 아버지와 아들처럼 동성 부모와의 관계 속에서 특히 더 강하게 나타난다.

| 뜨거운 것과 차가운 것 |

남편에게 너무 의존해서 문제인 수정 씨가 있었다. 수정 씨는 자신이 처리할 수 있는 일도 못 한다고 하면서 지나치게 수동적인 모습으로 남편에게 의지했다. 어떻게 보면 편하게 사는 여성처럼 보였다. 수정 씨와 상담을 통해 수정 씨의 부모님에 대해 알게 되었다. 수정 씨의 어머니는 가장의 역할을 했고 아버지는 놀고먹으면서 편하게 살았다.

능력 있는 어머니가 모든 일을 다 처리했고, 그러면서 아버지는 점점 아무것도 하지 않는 아이 같은 존재가 되었다. 집에 못을 박는 일마저도 어머니가 처리했다. 수정 씨의 어머니는 아버지 역할, 어머니 역할 모두를 해야 했고 쉽지 않은 인생을 살았다. 딸인 수정 씨는 어머니처럼 살지 않는 것이 목표가 되었고, 배우자도 아버지와 가장 반대되는 사람으로 선택했다.

수정 씨는 어머니의 힘든 고생을 지켜보았고 어떤 식으로든 어머니에게 발생한 불균형을 맞추고 싶어 했다. 수정 씨의 지나치게 의존적이고 수동적인 모습은 바로, 아버지의 모습이었다. 처음에 수정 씨의 삶의 방식만 보아서는 잘 드러나지 않았지만 수정 씨의 어머니와 비교해 보니 보이는 부분이 있었다.

자녀는 이전 세대 어머니와 아버지 사이에서 벌어진 불균형을 무의식적으로 해결하려고 한다. 그 방식은 수정 씨의 사례처럼 정반대인 대극적인 행동을 통해서 드러난다.

뜨거운 것을 가라앉히기 위해 반대 성질인 차가운 것이 필요하듯이, 하나의 불균형을 조정하기 위해서는 그 반대 성질을 가져

와서 균형을 맞추는 것과 같다. 이러한 대극적 행동과 더불어 나타나는 것은 바로, 융합으로 부모의 유사한 행동을 따라 하는 것이다. 부모의 불행했던 삶의 방식은 자식이 무의식적으로 흉내를 내게 된다.

어머니가 강할 때 반대로 약하게 행동하거나 어머니가 약할 때 강하게 행동하는 딸의 모습도 있다. 또는 어머니가 약할 때 어머니에게 깊이 공감하며 같이 약한 모습을 보이는 딸도 있다.

이처럼 어머니와 딸 사이에서 발생하는 무의식적이고 은밀한 관계의 형태는 아버지와 아들의 관계 안에서 더욱더 강하게 드러난다.

아들의 인생에 아버지의 그림자가 길게 드리운 아들의 인생이 있다. 아버지가 어떤 식으로든지 아들의 인생에 깊은 영향을 미친 것이다. 아버지가 아들에게 미치는 형태는 어머니가 딸에게 미치는 형태와 같다. 융합과 대극의 형태로 아버지가 아들의 삶에 의식적이든, 무의식적으로 관여하게 된다.

대극의 형태로 아들에게 나타나면, 아들의 삶은 아버지의 삶과 비극적인 모습일 정도로 정반대로 펼쳐진다. 성공한 아버지와 실패한 아들, 공부 잘한 아버지와 공부 못하는 아들, 성실했던 아버지와 불성실한 아들 등 다양한 모습으로 나타난다. 또는 사기꾼 아버지와 도덕적인 아들, 가난한 아버지와 부자 아들, 무능한 아버지와 유능한 아들 등으로 다양하게 나타난다.

대극의 형태는 아버지의 인생에서 발생한 지나친 불균형을 맞추려는 듯 아버지가 보인 인생의 형태와 정반대로 살아감으로써 결과적으로 아버지와 아들 둘을 합치면 균형이 이루어지게 된다.

| 괴테와 아우구스트 |

독일의 작가 로타르 뮐러Lothar Mueller는 독일의 대문호 요한 볼프강 괴테Johann Wolfgang von Goethe와 그의 아들 아우구스트August를 '아버지 밑의 비극적 그늘'로 둘의 관계를 표현했다.

아버지 괴테는 문학가를 뛰어넘는 지성의 소유자로 수많은 독일인들에게 깊은 영향을 미쳤다. 프로이트 역시 괴테의 논문을 접하고 의사가 되기로 결심했다고 한다. 이러한 아버지 괴테의 외아들 아우구스트는 별다른 업적을 남기지도 못하고 이른 나이에 죽는다. 이 둘의 이야기는 오랫동안 성공한 아버지와 대비되는 무능한 아들의 전형적인 예로 알려졌다.

괴테가 살았던 시대에는 아우구스트를 아버지와 너무 대비되는 멍청한 아들로 명명했고, 코미디에 중요 주제로 쓰였다. 아우구스트는 성공한 아버지 속에 감추어진 불균형이 속성에 휩쓸린 아들이었다.

뮐러는 마치 괴테가 아들의 불행으로 엄청난 행운에 이자까지

붙여서 대가를 받으려 한 것처럼 보인다고 말했다. 보통 사람들이라면 못 누렸을 행운에 대한 대가를 아들 아우구스트가 지불한 것이다. 괴테의 사례는 모든 아버지와 아들 관계에서 일반적으로 발생하는 사건은 아니다. 하지만 아버지가 지나치게 한 방향으로 치우쳐 살았고 인생 속에 일방성이 나타났을 경우 이러한 현상이 두드러지게 나타날 수 있다.

여기서 성공한 아버지나 천재적인 아버지를 둔 아들에게는 아버지의 그림자가 드리운다. 빛과 같은 아버지 밑에는 아들의 그림자 같은 희생이 존재한다. 빛이 밝고 크면 그만큼 그림자도 길게 드리우는 것처럼 그렇게 존재한다. 아버지와 전혀 다른 면모는 천재적인 아버지를 해석하기 위한 열쇠가 되기도 한다. 아버지에게는 표출되지 않았지만, 그것이 대신 아들에게서 드러나기 때문이다. 여기서 아들은 마치 아버지의 벌거벗은 모습을 비춰주는 거울과 같은 역할을 한다.

이러한 대극과 더불어 아버지와 융합 관계를 보이는 아들의 또 다른 인생이 있다.

| 아버지 안의 작은 소년 |

초등학생 6학년 현이는 느린 기질의 아이로 공부를 잘 따라가지 못하고 뒤처지는 아이였다. 최근 학교 폭력의 피해자가 되어 상담을 받게 되었다. 현이의 아버지를 만났을 때 현이가 많은 부분에서 아버지의 '판박이'라는 사실을 알게 되었다. 현이의 아버지도 현이가 자신의 어린 시절을 그대로 따라 하듯이 반복한다고 말했다. 학교 폭력 피해자가 된 것도 동일했다.

현이의 아버지는 초등학교, 중학교 때까지 자신을 심하게 괴롭히는 아이들 때문에 힘들어 했다. 그때부터 지금까지 최대한 사람들의 눈에 띄지 않고 조심스럽게 행동하려는 태도가 익숙했다. 눈에 띄면 자기의 약함이 드러나고 또다시 괴롭힘의 대상이 될 수 있다는 두려움에서였다. 지금도 회사에서 동일한 방식으로 생활하고 있었다. 최대한 눈에 띄지 않고 자기의 존재를 감춘 채 있는 듯 없는 듯 목소리와 행동이 드러나지 않게 살아오고 있었다.

나는 현이의 아버지를 상담하면서 괴롭힘을 당했던 작은 아이가 내 눈앞에서 그대로 어른이 된 것처럼 보였다. 그가 보는 세상은 성인으로서가 아니라 중학교 아이의 시각이었다.

괴롭힘을 당하던 아이가 그대로 갑자기 어른이 된 듯 아직도 고립되어 전혀 성장하지 못하고 나이에 걸맞게 세상을 보지 못했다. 마치 갈라파고스섬처럼 고립된 채 성장한 모습이었다. 외부 세계와 철저히 차단한 채 자기만의 방식으로 세상과 소통하면서 중학교 당시의 생각을 수정시키고 변화시킬 기회를 갖지 못하고 어른이 된 것이다. 겉으로는 평범한 40대 초반의 직장인 남성으로 보였으나 내 앞에는 아이가 앉아 있던 셈이었다.

현이는 폭력의 상처와 아픔을 해결하기 위해 치료를 받고 있었지만, 현이 아버지는 수십 년간 치료를 받지 못하고 폭력의 상처를 지닌 채 살아왔다. 결국 현이의 문제로 아버지는 자신의 숨겨진 상처를 들여다보고 치료할 기회를 얻게 되었다.

아들 현이는 아버지와 융합의 관계로 나타났다. 현이만 보아서는 현이의 증상을 이해하기가 어렵다. 아버지에게 영향을 받은 아들이기 때문에 현이 아버지의 인생을 돌아보아야만 아들 현이에게 있는 문제가 보이는 것이다.

아버지와 아들이 동시에 문제를 가지고 있을 때, 어떻게 아들과 아버지를 도와야 할까? 분명한 것은 아들이 아버지가 걸었던 방식으로는 걷지 않도록 도와야 한다는 점이다.

이것은 아버지의 인생이 아들의 인생으로 이어지는 불균형의 연속성과 불균형에 균형을 가져오려는 아들의 정반대의 대극적 행동은 결국 아버지와 어떤 식으로 연결되었다는 점을 알아차리게 될 때 해결이 가능하다.

아들이 아버지에게 깊은 영향을 받지 않고 자신만의 인생을 살아가기 위해서는 아버지의 노력이 필요하다. 아버지의 인생에 지나치게 불균형을 가져오지 않도록 애를 쓸 필요가 있다. 어쩔 수 없이 불균형이 발생하면 아버지 스스로가 자기의 인생 속에서 지나치게 치우쳐진 부분에 균형을 맞추기 위해 삶의 유연성과 다양성을 허용해야 한다. 그럴 때 아들의 인생에서도 유연하고 다양한 삶의 방식이 이뤄진다.

4장

"아버지가 사라진 시대에 아버지 되기"

아버지의 역할에 대하여

"가족을 사랑하라. 맡겨진 이들을 돌보라.

절대 포기하지 마라.

대화하고 노는 일을 결코 중단하지 마라."

엘리 H. 라딩어

새로운
아버지상의
탄생

30대 중반의 한 아빠가 토로한다.

"요즘 아빠로 사는 것이 너무 힘듭니다. 직장에서 힘들게 퇴근
하고 돌아오면 아내와 아이는 저만 온종일 기다렸기에 저와 함께
시간을 보내고 싶어 합니다. 함께 놀아 주고 대화도 하고 무언가
함께하려고 애를 쓰지만, 아내와 아이는 늘 저에 대해 불만인 듯
해 속상합니다."

오늘날 아버지는 과거의 아버지보다 좋은 아버지라는 말을 듣
기가 어려운 처지에 놓여 있다. 과거의 아버지는 가장으로서 든

든하게 버팀목의 역할을 잘하기만 해도 인정받았다. 과거의 아버지들이 살던 시대는 가정이 생존하는 목표가 최우선이었기 때문이다. 모두가 가난하던 시절, 가족들이 잘 먹고살 수 있는 양식과 자식들의 학비가 밀리지 않게 돈을 버는 일이 그만큼 힘들었다. 그래서 다정다감하지 않고 무뚝뚝하고 자녀들과 놀아 주지 않고 가사에 별로 신경을 쓰지 않더라도 다 이해될 수 있었다.

하지만 오늘날 우리 시대 아버지에게는 생계를 열심히 책임지는 모습만으로는 부족하다. 아버지는 아이들과 잘 놀아 주고 아이들의 고민을 따뜻하게 잘 들어주는 역할을 할 수 있어야 한다. 다정다감하고 자상해서 아내와 늘 소소한 대화를 즐겁게 나누는 열린 소통을 할 수 있는 남편이어야 한다. 생계와 생존을 책임지는 가장의 역할은 기본이다.

최근 텔레비전에서 방영된 육아와 요리까지 척척 해내는 아버지들은 완벽한 아버지상의 열풍을 불러일으켰다. 과거의 가부장적 이미지와는 달리 열린 소통과 따뜻한 관계를 형성할 수 있는 능력을 가진 새로운 아버지의 역할을 보여 준다.

우리나라는 1990년대까지 대부분의 남성들이 흰 양말과 흰 와이셔츠를 즐겨 입어 외국인들이 신기하게 볼 정도였다. 그러다가 텔레비전에서 어떤 연예인이 색이 있는 양말과 와이셔츠를 입고 나오면서부터 순식간에 패션이 달라졌던 기억이 떠오른다. 아버지에 대한 기대도 마찬가지이다. 앞으로 한국 사회에서 완벽한 아버지상은 아마도 지속적으로 요구되어 아버지들은 더욱 완벽해야 겨우 인정받는 시대가 될 것이다.

만약 독자가 50, 60대라면 최근에 요구되는 완벽한 아버지의 역할은 사실 직접 경험해 본 적이 없을 것이다. 30대, 40대라도 과거 아들로서 아버지로부터 지금 시대 아버지에게 요구하는 역할을 경험하지 못했다면 더욱 힘든 과제가 된다.

심리학적으로도 아버지는 아내와 아이들에게 사랑받기보다는 인정받기를 원한다. 가족들에게 진정으로 인정받는 아버지는 행복한 사람이다. 크게 성공하거나 많은 재산을 남기지는 못했어도 가족으로부터 존중받는 인생이라면 한 남자의 생애는 후회가 없을 것이다. 그러나 인정받기가 갈수록 더욱 어려워지는 시대가 되어 아버지들의 고민은 깊어질 듯하다.

| 이 시대의 아버지상 |

시대가 완벽한 아버지를 요구한다는 뜻은 그만큼 아버지의 다양한 역할과 기능이 요구됨을 반영한다. 어쩌면 최근 한국 사회에 불고 있는 새로운 아버지의 역할과 관련된 열풍은 좋은 남편의 역할에 대한 새로운 각성이라고 본다. 그러기 위해서는 경직

된 가장의 모습보다는 융통성이 있고 열린 모습이 필요하다. 여기에 필요한 능력이 바로 대화이다.

자녀와 대화할 때는 너무 심각할 필요가 없다. 아이가 아직 어리다면 아이에게 다양한 주제를 제시하며 이야기를 들려주는 것이 중요하다.

내 아들이 어렸을 때, 나는 나만의 '개미 이야기'를 시리즈로 만들어서 아들에게 들려주었다.

"어느 날 마당에 개미들의 왕국이 건설되었는데, 요한이라는 아이가 갑자기 커다란 발로 개미 왕국으로 쳐들어왔어. 개미들은 난리가 나서 이게 무슨 일이냐며 당황해했지. 개미들은 하늘에서 떨어진 저 발의 주인이 누구냐며 알아내려고 했어. 하지만 그 발은 너무 빨리 성큼성큼 지나가서 알 수 없었어."

아들은 개미 이야기 속의 주인공이 자신이라는 사실에 만족해하며 이야기에 빠져들었다. 개미 이야기 속에 자기가 등장할 때마다 까르륵 웃으며 좋아했고 나는 계속해서 다양한 개미 이야기를 만들었다.

아들에게 주말 산책을 같이 가자고 하면 귀찮다고 거절하다가도 아빠가 개미 이야기를 해 준다면 바로 따라나서기도 했다. 아들은 아빠에게 신나는 개미 이야기를 들으려고 했고, 그때마다

나는 아들에게 환대받는 이야기꾼이 되었다.

"개미들이 드디어 요한이에게 복수를 하기로 마음을 먹고 닌자 개미를 보냈어. 겨우 요한이가 있는 집으로 들어왔지만 요한이가 냉장고에 가다가 개미를 밟아 버렸지."

나는 이러한 개미 이야기를 거의 100편가량 만들어 내었다. 개미 이야기는 말도 안 되고 이야기의 흐름도 개연성도 없었지만, 아들은 개미와 자신이 이야기 속에 등장하는 것만으로도 즐거워했다. 내 아들에게 나는 이야기꾼이자 함께 소통하는 다정한 아버지로 기억될 것이다.

이야기의 중요성에 대해 아인슈타인은 이러한 말을 했다.

만일 당신의 아이가 뛰어나기를 원한다면, 동화를 들려 줘라.

| 대화를 잘하는 좋은 아버지 |

아들이 커가면서 사춘기에 들어갈 무렵부터 나는 말하기보다는 아들의 말을 들으려고 했다. 일방적인 소통보다는 대화를 주고받으며 쌍방 소통을 하는 사이가 되려고 노력했다.

대화는 공놀이와 유사하다. 내 아들은 공놀이를 좋아했다. 형제가 없으니 집에서 같이 놀 대상이 없던 아들은 나에게 놀아달라고 요청했다. 공을 아들에게 던지면 아들이 받고 다시 아들이 나에게 공을 던졌다. 내가 너무 힘을 주어서 공을 세게 던지면 아들은 공을 놓치고 공놀이에 재미를 못 느꼈다. 그렇다고 너무 약하게 던지면 아들은 흥미를 잃으니 최대한 아들이 받을 수 있을 정도로 힘을 주었다.

공놀이는 상대방을 배려하는 자세가 기본이다. 대화도 마찬가지이다. 만일 대화가 한쪽의 입장에서 일방적으로 이루어진다면 대화가 아닌 훈계나 잔소리가 될 것이다. 대화는 서로 주고받아야 이뤄진다. 대화는 열린 자세를 가진 배려의 경청이다. 그다음에 자신의 의사를 전달하는 것이다.

나는 어린 시절 아버지와 관계가 좋지 않았다. 무엇보다 소통이 되지 않아 힘들었다. 대학에 입학할 때까지 평생 아버지와 대화다운 대화를 나눈 시간은 아마도 다 합쳐도 2시간 분량도 안 될 것이다. 대화가 없으니 소통이 이뤄질 리 없었다. 아버지와 나는 굉장히 어색한 부자 사이였다. 아버지가 날 사랑하지 않는 것은 아니었다. 그저 경상도 출신인 아버지는 아들과 대화하는 방법에 익숙하지 않았을 뿐이다.

아버지도 할아버지와 언제나 수직적인 대화를 했기에 수평적 관계 속에서 이루어지는 대화가 어려웠을 것이다. 그러나 소통이 부족하면 관계가 유지되기 어렵다. 아버지는 하나밖에 없는 아들인 나를 사랑하셨지만 나는 아주 오랫동안 아버지가 나에게 관심이 없고 탐탁지 않게 여긴다고 오해했다. 아버지 때문에 자존감의 깊은 상처를 입고 살았다.

내 아들이 입시를 준비하면서부터 나와 소통할 기회가 많이 줄어들었다. 아들이 입시에 실패하고 1년 동안 기숙학원에서 수능을 준비하면서 생애 최초로 아들은 우리와 떨어져서 살아야 했다. 기숙학원에는 부모가 매일 자녀에게 편지를 쓸 수 있는 '부모 편지란'이 있었다. 모든 외부 세계와 차단된 아들은 우리의 편지를 오매불망 기다렸다. 나는 아들에게 거의 매일 편지를 쓰면서 아들과 아날로그적 소통을 했다.

아들은 한 달에 한 번 집에 오면, 내가 보낸 편지에 대한 자기 생각을 나누었다. 늘 아쉬웠던 아들과의 대화가 오히려 편지를 쓰니 더 잘 되었다. 나는 말로 하는 대화보다는 글로 하는 대화가 더 편했다. 아버지에게 요구되는 대화의 능력은 말재주가 아니다. 얼마나 열린 자세를 가지고, 소통할 수 있는가에 달려 있다.

요즘 세상에서 가장 무서운 사람이 누구인지 아는가? 성말 힘이 세고 성질이 포악한 사람이 아니다. 도저히 말이 안 통하는 사람이다. 말이 전혀 안 통하는 사람이야말로 가장 무서운 사람이다. 말이 안 통하니 어떤 타협도 협상도 불가능하다. 대화가 안 되면 생각보다 심각한 문제를 야기하고, 상대방에게 극심한 고통을 준다.

정서적 애착과 친밀감이 중요한 가족에게 소통의 문제는 너무나 중요하다. 소통을 원활히 하기 위해서는 늘 마음을 열어 놓는 아버지여야 한다. 가정에서 아버지와 소통이 잘 된 아들은 사회에서도 훌륭한 대화의 능력을 발휘할 것이다. 또한 아이와 아내가 필요할 때 대화하고, 다양한 요구에 기꺼이 도움을 주면 최고의 아버지이자 남편이 될 것이다.

아버지를
넘어
멘토로

내 아들의 친구인 영호가 이러한 말을 했다.

"어렸을 때는 아버지가 대단해 보이고 커 보였는데, 대학생이 되고 나서 보니 아버지가 작아 보여요. 때때로 지치고 힘들어 하는 모습을 보면 얼마나 이해가 되는지 몰라요."

영호는 예전에는 아버지가 마냥 큰 존재였지만, 지금은 더 이상 큰 존재로만 여겨지지는 않는다고 말했다. 성인이 되어 보니 어릴 때는 커다란 산과 같던 아버지가 이제는 같은 한 인간으로 보이기 시작한 것이다. 영호는 덧붙여 열심히 가족들을 위해 애쓰는 아버지가 존경스럽다고 말했다.

| 오늘날 아버지의 자리 |

누구나 아들에게 존경받는다면 더할 나위 없이 기쁠 것이다. 아들에게 존경받는 아버지는 인생에서 가장 소중하고 진실한 부분을 성취한 사람이다. 가장 가까이 있는 아들의 존경은 어떤 결과물로도 쉽게 얻을 수 있는 것이 아니기 때문이다.

상담실을 찾는 많은 사람들에게서 아버지를 존경한다는 말을 듣기란 어렵다. 오히려 아버지 때문에 힘들다고 토로한다. 특히 10대부터 20대, 30대 젊은 아들의 어려움에는 언제나 아버지의 부재가 있다.

지금까지 많은 남자들을 상담하면서 가끔 내가 그들의 아버지의 역할을 하고 있다는 생각이 들 때가 있다. 아버지와 아들 사이에서 일어났어야 할 소통을 상담사인 나와 하면서 그들의 문제를 해결해 주기 때문이다.

아버지가 없을 때 아들이 보이는 청소년기의 전형적 증상이 있다. 주로 위축되고, 자신감 없고, 고립되며, 삶의 의미를 못 찾는다. 생동감이 없고, 화가 나 있는 특징을 지닌다. 나는 이들을 어린 남성이지만 동등한 존재로 인정해 주고 이들의 생각과 이야기를 경청한다. 여기서 가장 중요한 것은 '동등한 존재로 존중하는 자세'이다.

사춘기를 맞은 아들과 아버지 관계에서는 새로운 위계질서를 만드는 것이 중요하다. 아들은 이제 성인으로 성장하는 시기를 맞이했기 때문에 아이에게 하듯 지시적으로 "해라!"라고 말하면 듣지 않는다. 이제는 아들의 의견을 경청하고 설득하려는 자세가 필요하다. 대화는 잔소리나, 일방적인 아버지의 생각을 전달하는 방식이 아닌 아들과 수평적인 방식이어야 한다.

아버지 입장에서는 자신이 아들에게 꼬리를 내리는 듯하지만, 아들은 아버지의 태도에 사랑과 존중, 배려 같은 감정을 느낀다. 아들이 아버지에게 존중받는 경험은 자연스럽게 아들의 몸과 마음의 불안정을 수용할 수 있는 에너지가 된다. 아들은 자신의 달라진 위상을 느끼며 자신감을 만들어 간다. 이러한 아버지의 역할을 안타깝게도 어머니가 대신할 수는 없다.

아들의 인생에서 절대적으로 아버지가 필요한 시기가 있는데, 그것은 바로 청소년기이다. 사춘기는 유년기에서 성인으로 성장하는 과도기에 존재한다. 이 시기에 인간은 아동도 아니고, 성인도 아닌 존재로 과도기적 혼란을 겪는다. 사회적 관계의 방식과 권위자에 대한 복종과 저항이 존재한다.

이 시절 아버지의 역할을 한 마디로 표현한다면 바로, '멘토'이다. 멘토 같은 아버지는 청소년기 아들이 느끼는 혼란과 불안, 분노, 걱정의 감정을 이해한다. 아버지와 아들의 관계를 남자 대 남자로, 동등하고 수평적으로 인지한다.

이와 같은 아버지가 되려면 아들과 유년기 시절 충분히 좋은 관계를 구축해야 한다. 만일 유년기 시절 아들과 친밀하지 않으면, 청소년기 시절 멘토 같은 아버지 역할을 할 수 있는 기회가 찾아오지 못한다.

그러기 위해서는 신뢰 관계가 우선이다. 그런데 어떻게 신뢰를 쌓아야 하는지 모르는 아버지들이 많다. 가정 안에서 아버지의 역할에 관해 제대로 생각도 해 보지 않고 살아가기 때문에 마음은 안 그렇지만 행동이 다르게 나온다. 아버지 역할을 어떻게 제대로 수행해야 할지 모르기에 아들과의 관계에서 어려움이 발생한다.

유년기에 아들에게 아버지보다 어머니가 더 필요하다면, 아들의 사춘기 시절에는 아버지가 조금 더 적극적인 역할을 수행해야 한다. 보통 사춘기 자녀들은 아버지보다 훈육을 위해 통제하고 간섭하는 어머니에게 훨씬 더 스트레스를 받고 반발심을 느낀다고 한다. 이 시기의 아버지 역할이 얼마나 필요한지 말해 준다.

만약 아버지가 유년기 시절이나 사춘기 시절에 아들의 양육에 손을 놓고 있다면, 아들 인생에 커다란 위기로 이어진다. 사춘기에 들어선 아들은 방관자인 아버지로부터 아무런 도움 없이 성장해야 하기 때문이다.

과거에 많은 아버지들이 자녀의 양육을 아내에게 맡겼고, 큰 문제가 있을 경우에만 직접적으로 참여했다. 이러한 모습은 부부의 암묵적인 역할 분담으로 받아들였고, 그러다 보니 아버지는 대부분 방관자였다. 아들은 이러한 아버지를 자신에게 무관심한 사람, 더 나아가 '나와 아무 상관이 없는 사람'으로 여길 수 있다.

이러한 관계라면 사춘기를 끝내고 성인이 되어도 아버지와 아들은 서로의 인생에 별로 상관하지 않게 된다. 아버지와 아들 사이에는 어떤 대화도, 감정 표현도 없다. 그냥 한 집에 사는 사람일 뿐이다. 아들과 아버지 사이의 소통을 돕는 어머니가 없으면 그 둘은 영영 말할 기회가 없다.

| 사춘기 아들 같은 아버지 |

자녀도 유년기, 청소년기를 거치며 성장하지만 부모도 마찬가지이다. 부모도 자녀를 키우며 인격이 성숙해진다. 자녀가 청소년기의 시기를 보낼 때, 만약 아버지의 인격적으로 성숙하지 않으면 어떻게 될까?

미성숙한 아버지는 자녀와 끊임없는 갈등을 유발하게 된다. 예

아들이 아버지에게 존중받는 경험은
자연스럽게 아들의 몸과 마음의 불안정을
수용할 수 있는 에너지가 된다.
아들은 자신의 달라진 위상을 느끼며 자신감을 만들어간다.

를 들어, 미성숙한 아버지는 딸의 남자친구에게 지나치게 비판적이고 질투하고 방해하기도 한다. 또 아들에게 지나치게 경쟁적이고 비판적이며 아들의 성공, 성숙함이나 남자다움에 대해 비판적으로 대응하는 아버지도 있다. 그보다 더 심하게는 방관자의 역할에 지나치게 갇힌 아버지, 학대와 폭력을 행사하는 아버지, 경제적으로 무능하고 이기적인 행동하는 아버지도 존재한다. 이러한 아버지의 미성숙함은 당연하게도 반항적인 청소년기 아들에게 부정적 영향을 미친다. 아들은 마음 깊은 곳에 결핍과 상처를 안고 살아가며 아들의 인생을 통틀어 그 결과를 드러낸다.

아버지를 신뢰하지 못한 아들은 사회생활을 하면서 만나는 수많은 연장자와 권위자를 신뢰하지 못한다. 아버지가 무정하고 가혹했다면 아들은 일반적으로 권위에 저항하고 반항적이다.

아버지와 경쟁 관계 속에서 아버지의 돌봄과 도움 없이 성장했다면, 아들은 혼자 힘으로 해낼 수 있다는 생각에 연장자나 권위자보다 자신이 훨씬 똑똑하다고 여기고 그들에 대한 우월감을 느낀다.

또 아버지의 애정을 받지 못한 아들은 누구에게서라도 대신 애정을 받으려고 애를 쓴다. 이 모든 모습은 아버지와의 관계에서 만들어진 것이다. 아버지는 자신의 역할의 중요성 때문에라도 양육에 적극적으로 참여해야 한다.

오늘날 우리 시대는 대가족의 해체로 인해 예전처럼 부모의 기능을 대신할 수 있는 친척이나 골목의 친구들이 없다. 아버지는 더 이상 뒤에서 어머니를 돕는 존재가 아닌 공동 육아에 참여하는 존재이다. 분명히 아들의 유년기에는 어머니의 역할이 더 클 수밖에 없지만 아버지는 언제든지 육아와 교육에 참여할 준비가 되어 있어야 한다. 아들과 아버지의 대화에 어머니라는 중재자를 늘 두고 말하는 것이 아닌 아들과 아버지 사이에 직접적인 소통을 이루어야 한다.

그렇다고 해서 아버지가 사춘기 아들과 대화하기가 쉬운 일은 아니다. 아버지가 사춘기가 된 아들과 자주 대화할 기회를 갖는다면 아들에게는 '축복' 또는 '행운'이다. 아들과 아버지가 서로 대화하는 일을 무슨 축복이라는 거창한 말까지 쓰냐고 생각하는 사람도 있을 것이다.

하지만 많은 아버지와 아들 사이에서, 무엇보다 청소년기 아들과의 대화는 매우 어렵다. 십대의 남성 호르몬은 10살 때와 비교하면 무려 800퍼센트나 높다. 십대의 아들은 언제든 감정이 행동으로 폭발할 수 있는 폭탄을 갖는다. 이러한 아들과 어느 정도 동등한 수평적 관계에서 대화를 시도하는 일은 많은 노력을 요한다. 하지만 우리는 아들처럼 이미 소년의 시절을 경험했다. 같은 시절을 경험했던 한 인간으로서 앞으로 어른이 될 아들에게 남자의 변화와 달라진 위치 그리고 한계를 받아들일 수 있게 이야기하는 일은 성숙한 사람이라면 할 수 있는 일이다.

무엇보다 아들의 인생에서 가장 중요한 주제 중 하나는 부모와의 '분리'이다. 아들은 아버지로부터 분리되고 경쟁을 해야 할 운명을 지녔다. 이 모든 과정을 거친 남자라면 이제는 아버지의 입장에서 자신의 아들과 이러한 역사를 반복하게 된다.

과거에 아버지가 사춘기가 된 나와 건강한 관계를 설정하지 못했다면 나 역시 아들에게 건강한 관계를 맺기 어려워진다. 그와 다르게 사춘기 시절 아버지와 건강한 관계를 맺었다면, 성인이 되었을 때 내 아들에게도 건강한 관계를 맺을 수 있다. 아버지가 된 아들이 지난 인생을 아들에게 반복하는 것이다.

얼마 전 내 아들이 아내에게 면도하는 방법을 친구들에게 배웠다고 말하면서, 이렇게 말을 덧붙였다.

"그런데 엄마, 내 친구는 아빠에게서 배웠어. 아빠가 면도하는 방법을 잘 가르쳐 주었대."

이 말을 들은 아내는 나에게 아빠로서 뭐한 거냐고 핀잔을 주었다. 나는 나도 모르게 작은 소리로 "나도 내가 스스로 배웠는데"라고 대답했다. 대답하면서도 얼마나 궁색한 변명인지 느꼈다. 아들에게 멘토 같은 아버지가 되기란 쉽지 않은 일이다.

당신의 사춘기 시절, 아버지와 당신의 관계는 어떠했는지를 생각해 보자. 그리고 아들과 당신의 관계를 떠올리기를 바란다.

우리는 늘 성장하고 변한다는 사실을 기억하자. 아들은 영원히 어린아이로 존재하지 않는다. 유년기를 지나 사춘기가 되고 성인으로 성장한다. 이러한 성장과 변화 속에서 아버지의 역할도 변화해야 한다.

더 이상
방관자가
아니다

어느 날 가족들과 고급 식당에서 외식 중이었다. 식당은 저녁 시간이라 거의 만석이었고, 대부분 가족과 연인 사이로 온 손님들로 가득했다. 우리 가족은 오랜만에 좋은 음식을 먹으며 이야기를 나누며 즐거운 시간을 보내는 중이었다. 그런데 식당에 두 명의 악동이 나타나자마자 갑자기 아수라장이 되었다. 5~6살쯤으로 보이는 두 꼬마는 뛰고 소리치고 비명을 지르면서 사람들 사이를 뛰어다녔다.

식사 중이던 사람들은 시끄러운 소리에 놀라는 눈치였다. 부모는 아이들에게 전혀 막지 않았고, 오히려 그런 모습을 흐뭇하게 바라보았다. 참지 못한 한 손님이 종업원에게 제지를 부탁했고,

종업원이 부모에게 가서 정중하게 아이들을 얌전히 앉아 있게 해 달고 부탁했다. 그러자 두 아이의 부모는 왜 아이들을 맘껏 뛰놀지 못 하게 하냐며 종업원에게 화를 내고 항의했다.

다른 사람들을 배려하지 않는 부모의 태도를 논하고 싶지 않다. 여기서 안타까운 사람은 어떤 제지도, 통제도 받지 않은 아이들이다. 누구나 자기 자식에게는 이기적일 수밖에 없지만 공공장소에서 아이들을 통제하지 않고, 규율을 내세우지 않고 내버려 두는 양육은 지나친 통제와 훈육을 하는 양육 이상으로 아이들에게 커다란 혼란을 준다.

공공장소에서 이렇게 맘껏 뛰놀려는 아이들은 학습 장소에서도 비슷한 행동을 할 가능성이 크다. 당연히 평소에 교사를 비롯한 교습자가 아이를 제지할 것이다. 그렇게 되면 아이는 집에서 허용적이었던 어른과 다른 어른을 학교에서 경험하면서 커다란 스트레스를 받게 된다. 자신의 행동에 대해 지적을 당하는 경험을 할 때마다 아이는 혼란에 빠진다.

| 허용의 허실 |

요즘 부모 중에서 어떠한 규율 없이 아이들을 양육하는 모습을 자주 보게 된다. 아마도 지난 세대, 즉 부모 세대로부터 엄격한 규율로 양육받았기에 보상행동처럼 내 아이는 규율 없이 성장하도록 내버려두기 때문일 것이다.

지나치게 허용적이고 수용적인 부모에게 성장한 아이들은 의존적, 충동적, 이기적, 반항적, 반사회적 성격이 된다. 통제도 불가하고, 끈기도 부족하며, 사회성이 부족해진다.

특히 자기 욕구에 따라 행동하는 아이는 적절한 자기 조절 능력을 발전시키지 못한다. 부모가 한계를 설정해 주지 않았기에 아이 스스로 자기 조절을 할 수 없다. 이러한 아이는 유치원, 학교에서 상당한 스트레스에 노출된다. 조절 능력이 부족한 아이는 과잉 행동, 충동 행동을 보일 수 있고, 그러다 교육자나 또래 아이들로부터 미움을 받을 수 있다.

아이는 왜 자기가 혼나고 지적을 당하는지 알지 못한다. 결국은 아이는 부정적인 자아상을 형성하면서 자기 자신에 대한 존중을 잃어 버리고 낮은 자존감을 형성할 가능성이 커진다. 허용적인 양육을 한 부모는 자기 아이를 몹시 사랑하는 사람들처럼 보이지만 사실 아이들에게 가장 끔찍한 양육을 하는 부모가 된다. 통제하는 부모보다 훨씬 더 안 좋은 결과를 가져오게 할 수 있다.

아이에게 한계를 가르치지 않는 부모를 알아보며 왜 부모가 아이에게 그러는지 살펴보자. 첫 번째는 지나치게 허용적 태도를 지닌 부모에게서 볼 수 있다. 이들은 자식에게 잘못된 사랑을 가지고 대한다. 아이가 너무 좋고 사랑스럽고 소중해서 아이의 주장과 요구를 가능하면 들어주고 아이와 마찰을 빚지 않으려고, 어떤 제지도 하지 않으려고 한다.

예를 들어, 과거 큰 부자였던 집안을 한순간에 몰락하게 만들었던 아들 중에는 3대 독자이거나 4대 독자인 경우가 많았다. 내 친구의 아버지도 집안의 땅이 너무 많아서 그 지역에서는 그 집안의 땅을 밟지 않고서는 지날 수 없을 정도로 부자였다.

워낙 손이 귀한 집에서 태어난 친구의 아버지는 조부모의 끔찍한 사랑과 보살핌 속에서 성장했다. 지나치게 사랑을 받고 부족함 없는 가정에서 자라며 친구의 아버지는 허용적 양육에서 성장한 아이들의 전형적인 특징들을 갖게 되었다. 이기적이고, 충동적이고 통제가 안 되는 성격에다가 끈기 없고 파괴적인 행동을 통해 사람들과 끊임없는 갈등을 일으켰다. 게다가 소중함을 모르니 그 많던 재산을 한순간에 날려 버리게 되었다. 친구의 아버지가 당대에 모든 재산을 잃어 버려서 내 친구는 아버지와는 다르게 가난하게 성장해야 했다. 무책임하고 무능한 아버지, 알코올 중독인 아버지 밑에 고생만 하는 어머니의 고통을 지켜봐야만 했다. 내 친구의 아버지를 향한 원망이 이루 말할 수 없이 커졌고, 내 친구는 여전히 아버지를 용서하지 못한다.

| 건강한 양육을 하는 법 |

허용적인 양육을 하는 부모의 두 번째 유형은 방임적 태도를 지닌 부모이다. 이들은 아이를 다루는 것 자체가 힘겹다. 먹고 생활하고, 일하는 중에 부모 역할을 하기가 버겁다고 느낀다. 자기의 일을 더 중요하게 여기거나 양육에 관심이 없는 부모가 여기에 포함된다. 방임적 태도를 갖는 부모는 아이에게 무신경적이고 관심을 덜 두는 자세를 허용적 양육 방식으로 이해한다.

이들은 평상시 아이를 허용을 하다가, 지나치게 되면 순간 갑자기 분노를 폭발한다. 아이는 부모의 분노에 당황하며 눈치를 보게 된다. 아이는 한계를 배운 적이 없기에 아무런 제지 없이 행동하고, 보다 못한 부모가 자기 성질을 못 이기고 화를 내는 것이다. 아이의 행동을 참지 못한 부모는 적절하게 제지하지 못하고 순간적으로 분노를 폭발하기 때문에 아이는 혼란스럽다. 여기서 아이는 부모에게 두 가지 메시지를 전달 받게 된다.

- 나는 너의 모든 행동을 방임한다.
- 하지만 어느 순간에는 참지 못하고 화를 낼 것이다.

동시에 이중적인 상반된 메시지를 보내는 소통 방식을 이중구속(Double bind)라고 말한다. 이러한 이중구속에 노출되면 아이는 대단히 혼란스러워하고 눈치를 보는 아이가 된다.

나의 임상적 경험에 따르면, 허용적 양육의 문제를 가진 부모는 아이가 문제를 표출하게 되었을 때 변화를 일으킨다. 소위 말해서 유치원이나 학교에 부모가 불려 가서 아이에 대한 부정적 피드백을 듣게 되면, 부모는 비로소 변화를 일으키려고 노력한다. 그제라도 수정하고 변화할 수 있는 지점을 부모와 아이가 찾아가면 아이는 적절한 성장을 할 수 있는 아이가 될 수 있다.

오늘날 규율이 부재한 가정을 쉽게 볼 수 있는 이유 중에 하나는 남자들이 아버지의 역할을 혼란스러워하기 때문이다. 과거 아버지는 가정 안에서 엄격하게 아이들의 잘못에 대해 선을 넘는 행동에 대해 제지하고 규율을 알려주는 존재였다. 하지만 오늘날 이러한 아버지상은 과거의 유물처럼 여겨진다. 엄격한 아버지에게 느끼는 거리감과 친밀감의 부재는 지금의 부모 세대가 어린 시절 경험했던 주제이기도 하다.

미국의 정신분석학자 에리히 프롬Erich Pinchas Fromm은 '건강한 양육은 규율과 사랑이 있는 환경을 만드는 부모'라고 말했다. 이는 아이들에게는 한계를 알게 하는 기본 틀과 규율 속에서 사랑받고 허용될 수 있는 양육을 의미한다. 서로 반대되는 규율과 허용이 동시에 이루어지려면 균형 있는 양육 방식이 중요하다.

만약 규율만 강조하게 된다면 허용적 양육 방식과 정반대 방식인 통제적 부모 유형으로 분류할 수 있다. 이러한 양육에서 성장한 아이는 불안, 위축, 좌절감을 갖는다. 허용적 양육 방식에서 성장한 아이들보다 훨씬 사회에 잘 적응하지만 내면에 내적인 분노를 가질 수 있다.

| 적극적 부성이 필요한 시대 |

독일은 과거 유럽에서도 엄한 규율과 복종을 요구하는 교육으로 유명했다. 프로이센의 군국주의는 독일의 전통적인 엄격한 가정 교육에 깊은 영향을 미쳤다. 독일은 제2차 세계대전 이후 대표적인 민주 국가로 변화되면서 양육 방식에 큰 변화를 가져왔다. 반권위적이고 표준적인 가치와 규율을 제시하지 않는 지나치게 자유로운 환경에서 아이들을 양육했다. 그러나 결과는 그리 좋지 못했다. 지나치게 개인의 자유가 강조되면서 의미 있는 가치와 규칙들이 무너져 버린 세대가 등장하게 되었다.

극과 극을 오가는 양육 방식 속에서 지나치게 한쪽에 치우치지 않는 균형 있는 양육이 가장 적절하다. 하지만 그를 맞추기란 쉽지 않은 일이다. 어설프게 놀아주는 아버지는 자칫 잘못하면 지나치게 아이의 자유를 허용하여 자신의 한계와 경계를 잊어버리게 만들 수 있다. 이러한 아이들을 주변에서 많이 보게 된다.

허용적인 양육을 한 부모는
자기 아이를 몹시 사랑하는 사람들처럼
보이지만 사실 아이들에게
가장 끔찍한 양육을 하는 부모가 된다.

아이 스스로 사회에는 제한성이 존재한다는 것을 알고 여기에 익숙해지도록 만드는 것은 부모의 역량이다. 잘 배운 아이는 사람들 사이에 규칙과 질서가 있으며 여기에 책임이 존재한다는 것을 안다. 이런 아이는 유치원, 학교, 또래 그룹 안에서 잘 적응하고 건강한 사회적 관계 능력을 발전시키게 된다.

결국 이 둘 사이의 균형을 이루는 것은 부모의 능력이다. 이러한 부모의 능력은 두 부부가 서로 협력하고 아이들에 대해 암묵적으로 합의된 각자의 역할을 잘 수행할 때 가능하다.

대부분 아이의 양육 방식을 정하는 쪽은 보통 어머니다. 아버지가 자녀의 양육에 기여할 수 있는 부분은 먼저 아내와 양육 방식에 대한 의견을 일치하는 것이다. 양육 방식에서 서로 다른 의견을 갖는다면 부부 갈등의 커다란 요인이 된다. 두 부부는 소통하며 의견을 조정해야 한다. 아버지의 입장에서 아내의 양육 방식이 문제가 있다고 여겨져도 공개적인 비난을 자제해야 한다. 아내의 허락이 없이 양육을 간섭하거나 비난하는 행동을 통해서 긴장감을 유발시켜서는 안 된다.

오늘날의 아버지는 과거처럼 더는 방관자일 수 없다. 그렇다고 과거의 아버지처럼 엄격한 규율과 규칙을 기르치는 딱딱한 존재만으로도 충분하지 않다. 아내의 양육을 도와주지만 필요하면 언제든지 적극적으로 개입할 수 있는 부모여야 한다. 단, 아내의 양육을 도와준다면서 아내의 양육 방식을 비난하면 안 된다. 아내와 소통하며 필요한 부분을 찾아내는 섬세함이 필요하다.

3040세대의 아버지들은 나와 같은 50대 아버지와는 다르다. 부부가 공동육아의 개념을 받아들여, 아버지가 자녀의 양육에서 더 이상 수동적 존재가 아니며 적극적인 모습으로 변화하고 있다. 아주 긍정적인 변화이다.

심리적 주파수를
맞추려는
노력

부부 관계가 회복이 어려울 정도로 깨어진 40대 중반의 부부가 상담실에 6세 어린 딸을 데리고 왔다. 부부 상담을 본격적으로 진행하기 위해 딸에게 놀이방에서 선생님과 함께 놀기를 권했지만, 딸은 나가려고 하지 않았다. 아빠의 팔을 꽉 붙잡고 놓지 않으려고 했다.

이 부부는 아내 쪽에서 강력히 이혼을 원하고 있었다. 남편은 딸 때문에라도 결혼생활을 지속하고 싶어 했다. 딸에게는 상처를 안 주려고 부부 관계의 안 좋은 모습을 보여주지 않으려고 애를 썼다. 딸이 아빠의 팔을 꽉 잡는 모습을 보니 이미 모든 것을 알고 있는 듯해서 가슴이 아팠던 기억이 있다.

| 부부 싸움에 메말라가는 아이 |

부부 관계가 좋지 않은 환경을 살아가는 자녀들에게 최고의 소원은 무엇일까? 그것은 가정이 깨어지지 않는 것으로, 엄마와 아빠가 이혼하지 않는기를 바란다.

부부가 자주 갈등을 일으키고 싸우면 그 과정에서 점점 서로가 남이 되어 간다. 남아 있던 좋은 감정마저 싸우면서 메말라간다. 하지만 자녀에게는 두 사람은 언제나 엄마이고 아빠이다.

자녀들의 건강하고 안전한 양육환경에서 필수적인 요소는 바로 부모의 부부 관계이다. 자녀가 어린 시절에 부부가 별거하고 이혼하는 것만큼 자녀의 삶에서 큰 영향을 미치는 것이 없다. 부부 사이가 좋지 않고 긴장과 갈등이 있다면 자녀는 매우 고통스럽다. 만약 부모가 안 좋은 관계를 숨기려고 은폐한다고 해도, 자녀들이 모르는 것이 아니다. 아이들은 다 알고 있다. 건강한 부부 관계는 자녀에게 부모가 줄 수 있는 많은 것 중에 가장 큰 선물이다.

부모의 갈등이 극심한 가정의 자녀들이 나타내는 증상은 다양하다. 끊임없는 반항, 저조한 학교 성적, 유뇨증, 극단적으로 수동적인 태도, 매사에 전혀 흥미 없다는 듯한 표정, 쉴 새 없이 움직이는 태도가 대표적이다. 격렬하게 싸우고 소리를 지르며 치고 받는 모습, 싸움이 잦고 난폭하고, 침묵이 지배하는 증오의 분위기 속에서 견딜 수 없는 불안에 시달려 잠을 자지 못하거나 악몽을 꾼다. 자신이 이미 버려졌거나 혹은 버려진다고 느끼며 고통받는다. 부모의 불화 원인이 자신에게 있다고 상상하며 절망 속에 잠기는 아이들도 있다.

반대로 부모의 일에 더 이상 신경 쓰지 않기로 결심하고 자기의 삶에만 열중하는 아이들도 있다. 그중에는 노는 것만 생각하고 전혀 공부를 하지 않는 아이도 있지만, 집에서 겪는 불안과 공포를 피하려고 공부를 도피처로 삼는 아이들도 있다.

한국은 IMF 이후 세계에서 이혼율이 매우 높은 나라였다. 특히 중년기 부부의 이혼율은 여전히 줄지 않고 높다. 부부 사이가 안 좋기를 일부러 원하는 사람은 아무도 없을 것이다. 하지만 부부관계를 위해 노력하고 변화하려고 애를 쓰지 않는 것도 무의식적으로 갈등을 원하고 있다고 말할 수 있다.

그리고 주로 결혼생활에서 요구되는 책임감, 의무를 거부하고 싶거나, 결혼 뒤에 보이는 상대방의 모습에 실망하고 반복되는 갈등을 빨리 해결하고 싶어 하는 사람들이 이혼을 원한다. 자신이 생각했던 결혼생활과 거리가 멀다고 실망하고 다시 새롭게 '리셋'하고 싶어 한다. 또는 다시 연애에 빠지고 싶은 욕구에 기울이기도 한다.

이렇게 부부 사이에 갈등을 만드는 요인들이 많지만, 그중 중년 부부에게서 주목해 보아야 할 것이 '남편의 아니마와 아내의 아니무스의 대결'이다. 부부 사이에 소통을 방해하는 아니마(Anima)와 아니무스(Animus)는 부부가 끊임없이 서로에게 복수하게 만든다.

칼 융은 우리 인간에게는 한 가지 성별만 존재하는 것이 아니며, 여성에게는 남성성을 나타내는 아니무스가 있고, 남성에게는 여성성을 나타내는 아니마가 있다고 말한다. 여성성은 여성들에게만 있는 것이 아닌 남성에게도 존재하는 것이다.

| 오해가 낳은 불화 |

40대 중반의 부부가 상담실을 찾아왔다. 그들은 이혼 위기에 놓여 있었다. 남편은 여성스럽고 조용하고 얌전한 사람으로 가능한 다른 사람에게 피해를 주고 싶어 하지 않는 성향이었다. 아내는 여성스러운 외모지만 남자처럼 씩씩한 모습을 가지고 스스로 결정하고 판단하는 성향이었다. 남편은 아내와 이혼을 매우 원하고 있었다. 자신 앞에서 이혼을 원한다고 말한다는 남편의 말에 아내는 몹시 고통스러워했다.

아내도 남편이 좋아서 이혼을 망설이는 것이 아니었다. 이혼의 이유가 납득되지 않아서였다. 왜 자신과 남편이 여기까지 왔으며, 남편에게 자신이 사랑받지 못하게 되었는지 그 사실을 받아들일 수 없다고 했다. 아내는 이혼하지 않는 것이 상담의 목표가 아니라 부부 관계가 왜 여기까지 왔는지를 알고 싶어 했다.

상담이 진행되었을 때 갈등의 원인을 탐색했다. 아내는 첫 상담부터 "저는 사랑받는 아내가 되고 싶었을 뿐이에요"라는 말을 했다. 그녀에게는 도저히 포기할 수 없는 조건이었으며, 사랑받지 못 하면 다른 남자에게라도 받고 싶다고 했다. 그런데 반전은 남편이 아내에게 "당신을 사랑할 수 없어"라고 말한 적이 없었다는 사실이었다. 결혼 초 남편은 아내에게 "집에서 자기만의 공간을 갖는 것이 허락되었으면 좋겠어"라고 요구했다고 한다.

남편은 알코올 중독과 가정 폭력을 일삼던 아버지와 힘겹게 가정을 지켜야 했던 어머니 사이에서 성장했다. 가정 안에는 늘 긴장과 갈등이 있었고 어머니는 늘 힘들게 버티며 살았다. 아들인 그는 부모에게 방치된 채 외롭게 살았다. 그렇게 방치와 외로움에 적응이 되어 오히려 그런 상태에 익숙해졌다. 그는 다른 사람들이 자신에게 관여하지 않고, 귀찮게 하지 않기를 바랐다.

결혼을 한 뒤에도 한 집에 살지만 가지 공간에서 지냈으면 좋겠다고 아내에게 요구했다. 그는 외롭기는 하지만 서로 관여하지 않고 각자 알아서 살아가는 그런 방식을 원했다. 아내는 남편의 그러한 말을 "나는 당신을 사랑할 수 없어"라고 받아들였다.

아내는 외동딸로 부모와 정서적으로 밀착된 채 성장했다. 남편과는 달리 지나치게 가족들과 밀착된 상태였고, 그런 관계를 당연하게 정상적으로 받아들였다.

아내는 결혼하고 남편과도 밀착되어 서로의 비밀을 이야기하고, 서로 깊은 내용까지 공유하는 그런 부부 관계를 꿈꾸었다. 그런데 남편이 아내가 원하는 것처럼 부부 관계를 해 줄 수 없다고 말하자, 아내는 이 말을 바로 사랑할 수 없다고 해석한 것이다.

두 부부는 서로 주파수가 전혀 맞지 않은 채 자기 방식대로 소통했다. 아내는 남편에게 실망을 느끼고 공격했으며, 남편은 당황하며 자기가 무엇이 문제인지 고민하다가, 이런 아내의 공격과 비난에 지쳐가기 시작했다. 부부는 서로 상대방이 자기의 말을 받아들이지 않고 거부한다고 느끼면서 고통스러워했으며 그 실망과 고통 속에서 서로를 공격하며 상처를 주고 있었다.

부부는 상담을 받으며 갈등의 문제가 바로 잘못된 소통에 있었음을 깨달았다. 서로 각자의 방식으로 말하고 들으면서 소통을 이루지 못했던 것이다.

| 진짜 문제는 따로 있다 |

소통의 문제로 인한 부부 갈등은 가장 중요한 부부 갈등의 원인이다. 부부 사이에서 발생하는 소통의 어려움은 남자와 여자의 무의식에서 발생하는 아니마와 아니무스의 충돌로 인해 발생할 수 있다. 여성 안에 있는 아니무스는 긍정적인 면도 있지만, 부정적인 부분을 갖고 있다. 아니무스적 성격은 둔하고, 융통성이 없고, 인과론적 도덕적 판단을 내리고, 거칠고, 상당히 불쾌한 공격성을 갖고 있다.

마찬가지로 아니마도 부정적인 부분을 갖고 있다. 우울하고, 뾰로통하게 잘 토라지고, 열등감을 갖고 있으며, 골을 잘 내고, 주위에 있는 여러 사람에게 짜증을 내거나 신경질을 부려 힘들게 만들어 감상적인 여자처럼 행동한다. 이런 남자는 우울하고, 쉽게 객관성을 잃어버리고, 작은 마음의 상처에도 과장되어 커다란 상처로 남게 되어 복수하려고 한다.

아니마의 무기는 기분, 감격성, 독한 말이며 이것으로써 그를 화나게 만든 사람에게 상처를 준다. 아니마가 다른 사람과의 관계에서 작용을 하면 상황을 어렵게 만든다. 상황을 과장시키고, 상처를 크게 하며, 깨지거나 보복을 하게 만든다.

이러한 아니마와 아니무스가 소통의 문제를 발생하는 것은, 남편의 아니마와 아내의 아니무스가 상대방에 있는 부정적인 아니마와 아니무스를 끌어내어 서로를 공격하게 만들기 때문이다. 아내의 입에서 아니무스의 고집 세고 거친 말이 나오면 남편의 아니마는 격분된다.

별것 아닌 문제에도 남편을 향해 독하고 잔인한 말을 내뱉는 아내는 부정적인 아니무스의 성격에 치우친 모습이다. 이러면 남편은 아니무스의 성격이 마치 아내의 전체 인격인 양 생각하고 격분하여 대판 싸움을 벌인다. 이런 싸움 속에서 남편의 아니마는 독하고 격정적인 말을 무기로 사용하며, 아내의 아니무스는 거친 공격성과 비난을 무기로 사용한다. 남편이 아니마에 그리고 아내가 아니무스적 성격에 함몰되어 버리면 두 관계는 끝장이 난다. 부부의 부정적인 아니마와 아니무스가 만나게 되면 격렬한 감정이 일어나서 어둡고 참을 수 없는 분노가 나타난다.

이제는 남편과 아내의 본래 인격과는 별개로 무의식 속에서 작동하는 아니마와 아니무스가 서로 만나 격렬한 싸움을 하게 된다. 분별력이 사라진 상태 속에서 입에 담을 수 없는 심한 말을 하거나 서로 싸워 몸에 상처를 주게 된다. 다시 말하면 아니마와 아니무스가 싸우면 소통의 문제를 초래하여, 파괴적으로 서로를 공격해서 두 사람의 관계를 끝나게 한다.

아니마와 아니무스가 자극되고, 격분하여 서로를 더욱 자극하여 싸움으로 들어가게 할 때, 대부분 부부는 이것을 소통의 문제로 생각하지 않고 자기를 무시하거나 거절하였다고 받아들인다. 그러면 여지없이 아니마와 아니무스가 싸움을 벌이게 된다. 부정적 아니마와 아니무스가 서로 싸우지 않도록 하기 위해서는 무엇보다 부부가 서로를 공감하고 이해하려는 노력이 필요하다. 서로 입장을 바꾸어 상대의 입장에서 생각하고 이해하는 노력이 필요하다.

부부는 자기의 진실한 감정과 생각을 분노와 몰이해로 포장하지 않고 있는 그대로 소통하는 것이 필요하다. 서로의 노력으로 서로 소통할 수 있는 주파수를 찾는 것이 우선이다. 이것은 역지사지이다. 이러한 노력 속에서 부정적인 아니마와 아니무스가 충돌하는 것이 아닌, 유머, 장난, 농담, 공감, 이해라는 다른 방식으로 전개될 수 있다.

5장

"아버지의
어깨를
털어 주는 시간"

남자의 회복에 대하여

"좋은 부모는 자기가 물려받은 카르마를

자녀에게 물려주지 않는다."

칼 융

아버지의
카르마
끊기

    나는 1988년 서울 올림픽이 열리기 전에 입대했다. 육군 훈련
소에서 훈련이 끝날 무렵, 일부 훈련병들이 전투경찰로 차출된다
는 말을 듣고 걱정했다. 나도 대학을 다니다 왔지만, 당시는 캠퍼
스와 노동 현장에서 민주화의 뜨거운 열기가 일어 여전히 거친
데모가 많았고, 전투경찰대는 이러한 데모를 최일선에서 막는 역
할을 했다.

    모든 훈련병들은 육군으로 가기를 바랐고 나 역시 간절했으나,
아쉽게도 충청북도에 위치한 전투경찰대로 가게 되었다. 당시 섭
지 않은 군대생활 속에서 내가 중간 고참쯤 되었을 때, 한 무리의
신병들이 부대에 들어 왔다. 신병들의 재훈련이 끝날 무렵 신병

들과 고참병들 간에 회식이 열렸다.

한 고참병이 신병에게 술을 한 잔 따라 주었다. 술을 받은 신병
은 얼굴이 일그러지며 당황스러워하면서 술을 마시지 않았다. 당
시의 엄격한 군대 회식 문화에서는 보기 어려운 장면이었다. 더
구나 술을 건넨 고참병은 우리 부대에서도 까다로운 성격의 소유
자로 후임병들에게 몹시 두려운 인물이었다.

나는 중간 계급으로 이 사태를 어떻게 수습해야 할지 머리가
노랬다. 신병은 자신이 왜 술을 마실 수 없는지 이유를 밝혔다.
아버지가 알코올 중독이었는데, 군대 입대하기 전에 술 때문에
세상을 떠났다고 했다. 아버지는 세상을 떠나기 전 아들에게 "너
만큼은 절대로 술을 마시지 말라"는 유언을 남겼고, 그래서 신병
은 그 유언을 지켜야 한다고 말했다.

신병의 입에서 아버지에 대한 이야기가 나오자마자 분위기는
숙연해졌다. 모두 비슷한 나이 또래의 병사들이었다. 아무리 후
임병과 고참병 사이에 엄격한 군기가 있다고 하더라도 모두 아버
지의 아들들이었다. 그 뒤로 그 신병에게는 회식 때 술을 건네지
않는 것이 룰이 되었다.

이 기억은 벌써 오래전, 1989년도의 일이다. 그 신병은 지금도
아버지와의 약속을 잘 지키고 살고 있는지 궁금하다.

| 감정적 마비라는 보호 체계 |

많은 아들은 아버지가 살았던 삶에 깊은 영향을 받는다. 그것이 좋은 삶이든 아니든지 간에 아들의 인생은 자기만의 인생이 아니다. '누구 아버지의 아들'이라는 정체성으로부터 아들의 인생이 시작된다. 아버지가 살았던 삶의 방식, 미처 해결하지 못하고 버텨야 했던 상처에 이르기까지 아버지의 그림자가 강하게 드리운다. 내가 상담 현장에서 늘 발견하는 아이러니는 상처받은 아버지가 아들에게 상처를 준다는 사실이다.

어린 시절 외롭고 누구에게도 따뜻한 관심을 못 받고 방치되었던 한 소년이 있다. 소년은 장성해 한 여성을 배우자로 선택하고 결혼을 하고, 자연스럽게 아버지가 된다. 가장이 되고 아버지가 되어 살아가던 어느 날, 죽어도 아버지처럼은 살지 않겠다고 다짐했는데 아버지와 똑같이 살고 있는 자신을 발견하게 된다. 그의 아버지는 어머니와 자녀들에게 너무 이기적이고 무관심했다. 그는 아버지에 대한 어떤 좋은 기억이 없었다. 이것이 아버지로 인해 고통받는 여느 아들들의 모습이다.

내가 상담실에서 만난 40대 구칠 씨도 마찬가지였다. 구칠 씨의 아버지는 구칠 씨가 어린 시절, 날마다 어머니를 폭행하고 폭언을 했다. 자주 술을 마시고 들어와서 구칠 씨에게 술주정을 했다. 구철 씨에게 아버지는 공포 그 자체였다. 구철 씨는 아버지로부터 학대를, 어머니로부터는 방임을 당했다. 어머니도 너무 힘이 없었고, 또 힘들었기에 자녀들을 잘 보호하지 못했다.

구철 씨는 지금 겉보기에 평범한 직장인으로 살아간다. 직장에서는 말수가 적은 성실한 직장인으로 비쳐진다. 그러나 가정 안에서는 아내와 아이들과 전혀 소통이 되지 않는 남자이다.

구철 씨는 자신의 아이가 길에서 넘어져도 멀뚱멀뚱 쳐다보기만 했다. 아내의 말로는 그냥 경비 아저씨처럼 우두커니 서 있기만 한다고 했다. 구철 씨는 가족들과 전혀 정서적 교감을 나누지 못하고 마치 고립된 섬처럼 존재했다. 그러다가 가끔씩 표출하는 것은 분노, 짜증과 같은 부정적 감정이 전부였다.

구철 씨의 아내는 남편에게 수없이 이 문제에 대해서 호소했지만 아내의 말을 그는 이해하지 못했다. 적어도 그는 바깥에서는 전혀 문제를 일으키지 않았다. 예의 바르고 성실했으며, 단지 말수가 적은 것 말고는 전혀 문제가 없었다. 오직 집안 식구들만이 힘들 뿐이었다.

나는 구철 씨와 상담을 하다가 그가 '감정적 마비' 상태를 유지하고 있음을 발견했다. 감정적 마비는 어린 시절 트라우마적 환경 속에서 자신의 감정을 아예 차단하거나 상황과 감정을 분리하는 식으로 반응하는 것을 말한다. 마치 몸과 정신이, 감정이 분리되어 서로 따로따로 다른 곳에 가 있는 것이나 마찬가지이다. 그러면 상대방과 정서적, 감정적 교환이 전혀 불가능해진다. 정서적 소통을 위해서는 정서를 사용해야 하는데 정서 체계가 마비되어 상황에 맞는 소통은 거의 불가능하다.

고통스러운 상처를 마주할 때 가장 대표적인 반응은 회피하고 뒤로 물러가는 것이다. 이러한 회피 반응은 인간의 본능에 속한 성질로, 자신의 안전과 생존을 보호하려는 자연스러운 행동이다.

인간의 본능적 행동을 잘 볼 수 있는 것이 가스레인지에 손이 닿아 화상을 입을 때의 무의식적 행동이다. 손이 뜨거운 불에 닿는 순간, 우리의 손은 이미 불에서 벗어나 있다. 우리는 문제가 발생하면 본능적으로 순식간에 닥친 어떤 문제를 파악하고 여기에 대한 반응을 결정하기도 전에 이미 뒤로 물러난다. 회피는 위기에 처했을 때 자연스럽게 취하게 되는 보호 체계이다.

| 삶은 계속해서 변한다 |

위기에 뒤로 물러가는 회피적 자세는 일시적으로 위기가 주는 긴장과 갈등을 완화시켜줄 수 있다. 그러나 처음에는 완화되는 듯하나 회피할수록 고통은 너욱 오래 지속된다. 최악의 경우는 일생 동안 고통받을 수 있다.

남자가 스트레스와 상처를 받았을 때, 이것을 해결하는 방식은 여자와는 다르다. 여자는 대화를 할 대상을 찾고 말하면서 어느 정도 감정을 정화한다. 남자는 오히려 평상시보다 입을 다물고 침묵한다. 남자의 이러한 행동은 회피적 자세에 가깝다. 마치 트라우마를 겪은 사람들처럼 아무 말도 하지 않고 침묵한다.

이유를 알 수 없는 침묵, 굳어진 인상, 예민하고 짜증스러운 기분, 불편해 보이는 표정 등에서 이미 가족들은 고통을 받는다. 고통스러운 트라우마를 해결하는 길은 사실을 있는 그대로 보고 억눌린 감정을 풀어 주는 것에 있다. 결국 어린 시절 자신에게 어떤 일이 일어났는지 그 진실과 마주하지 않으면 끊이지 않는 고통 속에 사는 꼴이 된다.

구철 씨의 아버지는 과거에는 가족들을 괴롭히던 폭군이었다. 하지만 나이를 먹고 노인이 된 지금은 아들과 아들 내외를 걱정하고 있었다. 나는 구철 씨의 아버지에게서 두 사람을 보았다. 가족들을 매일 괴롭히던 폭군이었던 아버지와 미안함의 마음으로 아들과 관계를 회복하기를 원하는 아버지였다.

구철 씨에게는 단지 가족들을 괴롭히던 아버지만 있는 것이 아니다. 다른 아버지의 모습도 있다. 하지만 그는 어린 시절 고통스러운 상황 속에서 어떻게든 자신을 보호하고 생존하기 위해서 만든 감정적 마비의 회피기제 속에서 소통을 거부하고 있었다.

깊은 상처를 가진 사람은 고통스러운 기억을 그냥 덮어버리고 생각 속에서 몰아내려고 애쓴다. 그에게 너무 고통스러운 기억이기 때문이다. 하지만 그럴수록 고통스러운 기억에 붙어 있는 감정들이 여전히 해소되지 못한다. 트라우마에 관련된 분노가 어느 순간 자기 자신에게 돌려진다. 정말 화가 난 대상은 바로 자기 자신이 된다. 약하고, 무기력하고 아무 쓸데 없던 자신이 싫고 미워서 수치심과 죄책감에 고통을 받는다.

이 세상에서 변화하지 않는 것이 있을까? 만물은 변한다는 고대 그리스의 철학자 헤라클레이토스의 말처럼 어린 시절의 상처에 대한 기억도 변화할 수 있다. 트라우마의 치료에서 가장 중요한 전제는 일어난 일을 이해하고 받아들이는 것이다. 벌어진 일을 바꿀 수 없다는 사실을 인정하고 수용하는 자세이다. 상처를 받았지만 삶은 계속해서 변화될 수 있다.

| 불행의 대를 끊어야 한다 |

상처는 기억을 탐색하여 그 당시의 감정을 인식하게 만들어 괴롭게 한다. 그러나 다행스럽게도 우리가 느끼는 감정이 무엇인지를 인식하기 시작할 때, 우리는 그 감정을 바꾸려는 의지와 능력도 갖게 된다. 해소되지 못한 감정을 직면하고 당시 어린아이였던 자신과 대화하기를 권한다. 이 상처받은 내면 아이가 고통스러운 행동을 반복하지 못하도록 아이에게 말을 걸어야 한다.

지나간 과거는 돌이킬 수 없다. 어린 시절에 받은 상처와 아픔은 어쩔 수 없는 현실이다. 그러나 내면 아이와 대화하며 상처받은 자신을 수용하고 더 나아가서 자신의 모습을 있는 그대로 긍정할 수 있다. 이를 통해 더 이상 과거의 불행을 무의식적으로 해결하려고 애쓰지 않고 불행의 반복으로부터 벗어날 수 있다.

공감은 변화를 일으킨다. 과거의 상처에 대한 기억에도 변화가 일어날 수 있다. 과거의 기억은 고정불변의 내용이 아니라 현재의 경험과 시각을 통해서 덧입혀지고 새롭게 재해석되는 것이다.

구철 씨는 상담 후, 그동안 전혀 기억나지 않았던 한 장면을 떠올렸다. 어린 시절 추운 겨울, 아버지가 술을 드시고 집에 들어오면서 군고구마를 주던 따뜻하고 자상했던 아버지의 모습이었다.

과거의 상처를 부인하고 여전히 회피 기제로 달아나려고 하면 원하지는 않지만, 지난날 아버지처럼 자신의 상처를 자녀에게 되돌려 줄 수 있다. 상처는 회복되어야 한다. 자신의 인생을 위해서만이 아니다.

내가 아주 좋아하는 칼 융의 말이 있다.

"좋은 부모는 자기가 물려받은 카르마를 자녀에게 물려주지 않는다."

아버지는 가정 안에서 아주 중요한 존재이다. 아버지가 막연하게 생각하는 아버지 역할을 뛰어넘어 내 아들의 삶에 어떠한 영향을 미칠지 떠올려 보아야 한다. 아버지가 어떻게 자신의 상처를 회복하고 극복하려 했는지는 훗날 아들의 인생에서 그 결과가 드러난다.

남자의
욕망과
자존감

상담학 교수로 자존감에 대해 늘 가르치지만, 나 자신의 자존 감에 대해서 말하라면 할 말이 없어진다. 아무리 생각해도 나 또한 자존감이 낮은 편에 속하기 때문이다.

내가 독일에서 박사학위를 하고, 대학 교수가 되고, 나름 심리 학 분야의 작가로서 활동하지만 난 여전히 자존감이 낮은 편이 다. 내가 이런 말을 제자들에게 설명하면 '교수님이 그러시면 우 리는 어떻게 하죠?'라는 분위기가 만들어진다.

생각해 보면 내 아버지도 자존감이 낮다. 아버지는 자신이 갖 고 있는 능력에 비해서 많이 드러내지 못했다. 내 눈에 아버지는 늘 무언가 성공 앞에서 두려움을 느끼고, 성공하지 않으려고 애를 쓰는 듯 보일 때가 있었다. 성공을 싫어할 사람이 어디 있겠는가? 하지만 아버지는 하던 일에서 문제가 안 일어나기를 바랐지 정작 일이 성공하면 당황해했다. 나는 아버지의 인생에서 이 부분이 아쉬웠다.

아버지가 왜 자존감이 낮았는지는 훗날 자존감을 공부하면서 비로소 이해하게 되었다. 그런데 내 아들도 자존감이 낮을 모습을 보면 가슴이 아프다. 아들과 이야기하다 보면 아들이 자신에 대한 가치감이 부족하고 무언가 깊은 열등감을 갖고 있다는 느낌이 든다.

아들은 나보다 훨씬 좋은 환경에서 살았다. 아들이 말을 배우기 시작할 때, 이미 엄마와 아빠 모두 대학 교수였다. 그런데 큰 어려움 없이 살아온 내 아들의 내면 깊이 낮은 자존감이 형성된 이유는 무엇일까? 부모의 자존감이 자녀에게 영향을 미친다는 많은 심리학자의 말을 떠올리며 씁쓸한 심정을 다잡는다. 아버지와 나까지는 받아들이겠는데, 내 아들마저 비슷한 상황이라니 마음이 아리다.

| 자존감은 어떻게 대물림되는가 |

자존감은 대표적인 대물림의 주제이기도 하다. 자존감은 인간

관계, 가족생활, 사회생활 등 미치는 영향은 너무나 크다. 그런데 우리 주변에 자존감이 높은 사람이 많지 않다. 자존감을 다루는 책, 강연 등이 잘 나가는 이유이다. 내 주변의 교수들조차 대부분 자존감이 낮아 보인다. 어디까지나 나의 주관적 견해이지만 아마도 크게 틀리지 않을 것이다.

오늘날 심리학에서는 인간의 삶에서 가장 중요한 심리를 '자존감'이라고 꼽는다. 아마 대부분 동의할 듯하다. 자존감은 인간 삶에 가장 결정적인 요인이다. 자존감은 내가 나를 어떻게 생각하는지, 남들이 나를 어떻게 생각하는지, 그 결과 남들이 나를 어떻게 대하는지에 영향을 준다.

자존감은 부모와 아이 사이에서 이루어지는 사랑의 방식에서 만들어진다. 자녀를 사랑하는 부모가 높은 자존감을 지닌 아이로 키우는 것이 아니다. 자녀를 사랑하지 않는 부모는 드물기 때문이다. 문제는 사랑을 전달하는 방식에 있다.

부모가 의도적으로 아이의 자존감을 낮게 만드는 경우는 거의 없다. 하지만 자존감이 낮은 아이의 부모를 보면 자존감이 낮은 경우가 대부분이다. 자존감이 낮은 부모가 자신도 모르게 아이의 자존감을 떨어뜨리는 방식으로 아이를 양육했음을 의미한다.

어린 시절에 우리가 어떤 환경에서 자랐든지 스스로를 향한 생각이나 느낌에 가장 큰 영향을 주는 사람은 바로 부모이기 때문이다. 그렇기에 아이의 자존감 수준을 결정짓는 가장 중요한 요소는 부모가 아이를 어떤 방식으로 양육했는지이다. 만약 부모가 아이를 과잉보호하면 아이는 자신이 무능하다고 여기게 된다. 부모가 지나치게 통제하면 아이는 자신을 미덥지 못한 사람으로 여기게 된다.

따라서 어떤 사람이 낮은 자존감을 지녔다면 어린 시절 받았어야 했을 안정된 사랑과 관심, 지지, 해야 할 것과 해서는 안 될 것에 대한 균형 잡힌 훈육이 부족했기 때문이다. 이러한 결핍감은 무엇보다 다른 사람과 인간관계를 맺는 데 어렵게 한다. 어떻게 균형 있게 상호관계를 맺어야 하는지 모르기 때문이다. 자기 자신을 좋아하지 않으면서 다른 사람을 좋아하기는 어렵다.

자존감이 낮은 사람은 마치 사막에서 갈증에 허덕이는 사람과 비슷하다. 하지만 갈증의 문제가 가장 중요한 욕구가 된다. 모든 신경과 정신을 갈증을 해소하는 일에만 쓰듯이 자신의 어린 시절의 결핍감을 해결하고 싶어 한다. 만약 누군가가 자신을 좋아하지 않는다고 생각되면 열등감이 올라온다. 그래서 항상 자신을 좋아하고, 대단하다고 말해 주는 누군가를 필요로 한다. 따라서 누군가의 인정, 관심, 칭찬을 하는 사람에게 의존하며 그것을 얻을 수 있다면 자기희생이나 자포자기도 마다하지 않는다.

그런데 자존감을 결정짓는 요인은 양육의 방식만이 아니다. 말과 행동으로 표현되는 것만이 아닌 부모가 가진 견해와 태도, 세계관이 아이에게 큰 영향을 미친다. 부모와 아이의 관계의 질, 즉 대개는 무의식적인 확신과 견해, 관점, 부모의 행동 동기와 같은 것이다. 이러한 것들은 오직 부모 자신의 경험으로 만들어진다.

자존감이 낮은 사람은 안타깝지만 사실 무언가에 항상 결핍되었음을 의미한다. 자존감이 낮기에 다른 사람들의 인정과 사랑, 지지가 더욱 필요하다. 자기 스스로 괜찮다는 생각이 들지가 않고, 누군가로부터 이 말을 들어야 괜찮다고 여기게 된다. 여기서 발전이 일어난다. 역설적으로 자존감이 낮은 사람은 열등감의 뿌리인 결핍감을 해소하기 위해 더욱 노력하는 성향을 만들어 낸다.

| 하나를 잃으면 다른 하나를 얻는다 |

에머슨의 보상이론은 우리 사회는 끊임없이 변화하는데, 이러한 변화는 무한정 변화하지 않고 기존에 무언가를 빼앗겨야 작동된다고 본다. 세계에는 주고받는 절대적인 균형이 있고, 모든 것에는 그 값이 있다는 원칙에 따른다. 자존감도 마찬가지이다.

자존감이 낮으면 여기에 대한 보상이 주어진다. 자존감의 결핍은 무언가를 풍요롭게 만들고, 어떤 부분에서의 지나침은 모자람을 부른다. 미국 유명 CEO 중 상당수가 낮은 자존감을 가진 사

어떤 사람이 낮은 자존감을 지녔다면
어린 시절 받았어야 했을 안정된 사랑과
관심, 지지, 해야 할 것과 해서는 안 될 것에 대한
균형 잡힌 훈육이 부족했기 때문이다.

람이라는 통계를 보기도 했다. 일리가 있다.

자존감이 높은 사람은 크게 노력하지 않아도 자연스럽게 삶의 기쁨, 의욕과 만족감을 갖는다. 그러나 자존감이 낮은 사람은 내면 깊은 곳에서 올라오는 결핍감을 해소하기 위해 더 노력한다. 그러면 그만큼 성공 가능성이 커진다는 것이다. 그렇기에 낮은 자존감은 결코 우리 인생에서 저주는 아니다.

단, 여기에 기본 전제가 있다. 결핍감을 해소하려고 지나치게 외형적인 성공에 집중하는 사람이 되어, 지나치게 자신이 잘난 사람이라는 자기애적 성격장애를 갖는 사람은 경계가 필요하다. 또 자기 자신이 지나치게 잘못되었다는 부정적 자아상을 갖는 신경증적인 사람도 경계가 필요하다.

이처럼 우리 주변에는 낮은 자존감에서 올라오는 열등감 문제를 건강한 방식으로 극복하려고 노력하는 사람이 있다. 현실에 안주하지 않고 더 큰 성공과 목표를 향해 달려간다.

랄프 왈도 에머슨은 "우리의 약점에서 힘이 커진다"라고 말했다. 인간은 약점으로 인해 자극을 받고 고통을 겪고 패배를 경험하지만, 그 가운데서 비로소 무언가를 배울 수 있다고 했다. 그 관점에서 보면 지혜로운 사람은 자신의 약점을 진정한 힘의 근원으로 바꿀 수 있다. 자존감이 낮은 사람은 그만큼 삶의 제한점을 갖고 있다. 자존감이 높은 사람에 비해 삶의 유연성과 유통성이 부족한 것은 사실이다. 그러나 그러한 자신의 약점을 극복하기 위해 부단히 노력하며 살아간다면, 의미와 가치로 가득한 삶의 한 모습이 만들어진다.

내 아들도 나처럼 내면적인 자원은 부족한 채 성장하는 듯하다. 여유로움, 자신감, 개방성, 유연성을 갖지 못하고, 인생을 살아가는 모습을 보인다. 내가 낮은 자존감이 주는 결핍을 극복하기 위해 부단히 달려왔듯이, 아들의 인생에도 낮은 자존감이 성장의 원동력이 되기를 바란다. 낮은 자존감 덕분에 더 많이 힘들고 좌절되고 절망하며 두렵겠지만, 분명 의미 있는 자신만의 삶의 지혜를 발견하리라 믿는다.

야생에서
수컷이
중요한 이유

　노벨상 수상자이자 '동물학의 아인슈타인'이었던 콘라트 로렌츠$^{Konrad Lorenz}$는 가장 좋은 반려견은 '암캐'라고 말한다. 암캐가 수캐보다 유순하고 충실하기 때문이다. 그들의 정신적 활동은 훨씬 더 복잡하고 풍부하다. 그들의 지능은 수컷보다 훨씬 우수하다는 것이다. 로렌츠는 인간과 가장 유사한 동물 중 가장 고귀한 동물은 암캐라고 주장한다. 인간을 제외한 모든 생명체들 가운데에서 사회적인 생활을 하면서 정신 생활면이나 지각하는 능력의 예민성, 그리고 진정한 친밀감이라는 면에서 살펴볼 때 암캐가 가장 뛰어나다고 한다.

　동물은 새끼를 출산하는 암컷과 그렇지 못한 수컷으로 구분된다. 암컷은 새끼를 출산하고 키우는 모성적 기능을 갖고 있다. 말의 경우, 수말은 자유와 독립, 야생마처럼 강한 힘과 추진력을 상징한다. 암말은 수말의 거친 힘을 다독여 주고 새끼를 키우며 무리의 조화와 균형을 이루는 역할을 수행한다.

인간은 어떨까? 내 아들에게 여자와 남자를 비교해 보라고 하니, 남자는 어딘가 여자보다 열등한 부분이 있다고 말했다. 당연히 내 아들의 주관적 생각일 뿐이다. 하지만 20대 제자들과 대화를 하다 보면 내 아들과 유사한 생각을 공유하는 것이 느껴진다.

| 고양이 그리고 여자 |

마리-루이제 폰 프란츠Marie-Louise von Franz는 여성을 상징하는 가장 오래된 원형적 동물이 '고양이'라고 말한다.

전 세계 고양이의 고향은 이집트로써 모든 고양이는 이집트에서 왔다. 이집트에서 고양이는 신성한 여신을 상징하는 동물로 다른 여신들보다 우월한 여신으로 여겨졌다. 고양이 여신은 매일 밤 암흑의 뱀 신인 아포피스와 싸워서 어둠으로부터 세상을 구원하는 영웅적 지위를 가졌다.

그래서 고대 이집트에서는 고양이를 달과 같은 존재로 숭배했다. 태양이 사라진 밤에 태양빛이 달에 반사되어 빛이 나오듯 고양이 눈에도 빛이 반사된다고 여겼다. 그러나 중세 시대에 들어와서 고양이는 현저하게 악마의 힘으로 상징되었다. 더이상 빛의 세력이 아닌 어둠의 세력으로 여겨졌다. 사람들은 마녀가 자신들의 영혼을 고양이 안에 집어넣을 수 있다고 믿었다. 본능적이고 파괴적인 여성적 상징으로 여겨졌다. 중세 시대 연금술서에 나타나는 개와 고양이의 싸움은 선과 악의 전쟁을 의미했다.

동양에서 고양이는 반드시 '복수하는 동물'이라는 믿음이 있었다. 조선시대에는 고양이를 3년 이상 키우지 않으려고 했다. 3년이 넘으면 요물이 되어 반드시 복수한다고 여겼다. 반면에 고양이는 은혜를 반드시 갚은 '보은의 동물'이기도 했다. 또한 고양이는 신이나 초월적인 힘과 인간 사이의 중간자, 악과 선 사이의 중간자로 여겼다. 바로 이러한 완전히 대립적인 두 이미지를 갖는 고양이가 가장 여성을 나타내는 동물이라는 것이 흥미롭다.

고양이는 독립성과 자유로운 존재로 상징된다. 인간에게 길들여진 동물인 동시에 야생동물의 이중성을 지닌 존재이다. 결코 인간에게 복종하거나 의존하지 않는다. 그리고 완전히 길들여지지 않는다. 고양이는 자신이 원하는 것을 알고 또 자신의 길을 간다. 어쩌면 오랜 가부장적 문화 속에서 여성이 갖는 두 개의 상반되는 모습이 반영된 것이다. 가부장적 문화 안에서 여성은 길들여진 존재처럼 보이지만, 결코 길들여지지 않는 특성을 가진 여성의 모습을 보여 준다.

| 늑대 그리고 남자 |

여성이 고양이라면 남성을 나타내는 상징적 동물은 늑대이다. 나는 '흰둥이'라는 이름의 진돗개과 풍산개의 믹스견를 12년째 키우고 있다. 풍산개의 특성을 닮아서 덩치가 크고 무엇보다 잘생긴 외모를 가졌다. 다행히 나는 전원주택에서 살기에 큰 개를 키우기 좋은 환경이다.

몇 년 전 마당에 매어 놓았던 흰둥이의 목줄이 풀어져서, 흰둥이가 담을 넘어 밖으로 뛰쳐나가 버렸다. 이웃들에게 늑대 같이 생긴 큰 개가 동네를 돌아다닌다는 말을 전해 듣고 흰둥이를 찾아 헤맸다. 드디어 길에서 만나 억지로 잡으려고 실랑이를 하다가 흰둥이에게 심하게 물렸다.

나는 병원 응급실로 가서 응급처치를 했다. 상처는 상당히 크고 깊었다. 흰둥이는 나를 물고 집으로 돌아와서 일주일 동안 먹이를 먹지 않고 풀이 죽어 있었다. 다른 사람을 물지 않고 차라리 나를 물어서 다행이라고 생각했다. 유순하고 착한 흰둥이가 나를 물었던 이유를 알고 싶어서 여기저기에 물었다. 답은 흰둥이처럼 늑대 피가 강하게 남아 있는 개는 늑대의 본성이 여전하기 때문이라는 것이다.

개는 두 가지 조상에서 기원한다고 콘라트 로렌츠는 말했다.

하나는 승냥이와 비슷한 '자칼계'이다. 조상을 자칼에 두고 있는 품종으로 황금색 털이 자칼계임을 나타낸다. 두 번째가 우리가 알고 있는 '늑대계'이다. 재미있는 사실은 자칼계의 개는 주인을 자기 부모로 인식을 하고 평생을 부모에게 복종하고 충성하듯이 따른다. 그러나 늑대계의 개는 주인을 자신의 우두머리라고 인식 하고 따른다. 부모는 바꿀 수 없다. 하지만 우두머리는 언제든 힘 이 약해지면 교체되는 대상이다.

흰둥이가 나를 물었던 이유는 힘의 위계질서가 느슨해진 탓인 셈이다. 그 뒤로 흰둥이와 나 자신을 보호하기 위해 분명한 서열 을 설정하려고 애를 썼고, 우리의 위계질서를 명확하게 하려고 했다. 흰둥이가 나를 물었을 무렵, 흰둥이는 내 말을 잘 듣지 않 고 내 명령을 잘 따르지 않았다. 새로 이사한 지 얼마 안 되어 흰 둥이는 불안하고 또한 흥분된 상태였다. 그러다가 그런 사고가 발생한 것이다. 요즘 흰둥이는 나의 우리 가족의 충실한 반려견 으로 잘 살아간다. 흰둥이에게서 늑대의 본능이 남아 있다는 사 실이 흥미로웠다.

나는 가장 순수한 형태의 남자의 본성을 이해하려면 늑대들을 살펴봐야 한다고 생각한다. 늑대는 인간과 가장 유사한 사회적 집단을 형성한다. 가족을 위해 기꺼이 희생하고, 자기의 목숨을 바쳐서라도 가족에 헌신하는 모습은 오직 인간과 늑대에게서만 나타나는 현상이다.

늑대와 함께 살아온 몽골인들은 오랜 경험을 거치면서 늑대를 아주 잘 알고 있다. 늑대에게서 볼 수 있는 끈기와 지능, 협력, 가족애는 자연계에서 타의 추종을 불허하게 만든다. 이것이 늑대를 두려워하면서 동시에 감탄하지 않을 수 없게 만드는 특성이다. 무리 안에서는 힘겨루기를 통해 조성된 확고한 위계질서가 강력한 힘을 발휘한다. 남자와 여자가 가장 크게 차이나는 점은 바로 이 부분에 있다.

여성에게는 위계질서의 명확함이 남자에 비해서 적다. 반면에 남자에게는 늑대 무리처럼 명확한 위계질서가 중요하다. 상대보다 우위에 서기 위한 노력과 싸움, 경쟁은 평생의 삶에 주어진 운명과 같다. 그리고 정해진 위계질서 안에서 요구되는 복종, 충성, 헌신도 늑대 무리와 크게 다르지 않다.

늑대들은 가족을 중심으로 모든 일을 움직인다. 가족이 늑대들의 기반이고 안전이며 견고함이자 존재하는 온전한 목적이다. 늑대들은 가족을 위해서라면 자기 삶을 포기할 각오까지 한다.

자연계에서 부상을 당한 동료를 돌보는 경우는 늑대가 거의 유일하다. 부상을 당하면 늑대 무리 중 한 마리가 남아서 동료를 돌보고, 아픈 동료가 다시 건강해질 때까지 먹이를 물어다 주면서 보살핀다. 이렇게 돌보는 특성은 오직 인간과 늑대만이 지닌 품성이다. 늑대들은 아주 강력한 가족 조화 욕구를 가지고 있다. 가족 간에 끈끈한 애정과 친밀감을 유지할 수 있도록 평소에 다양한 놀이와 활동을 한다.

늑대 무리는 우두머리 수컷과 암컷의 협력으로 유지된다. 수컷과 암컷인 두 우두머리는 무리의 생존과 안전을 위해 중요한 임무를 맡는다. 두 쌍의 늑대는 서로 동등하며 서로 다른 역할을 수행하면서 서로에게 협력한다. 암컷은 새끼를 낳고 무리의 조화를 책임지고 수컷은 생존과 안전, 먹이를 주로 책임진다. 늑대의 암컷과 수컷이 서로 다른 역할을 하며 전체를 만들 듯 인간의 사회생활과 유사하다.

우두머리 수컷 늑대는 가족에서 아버지 역할을 한다. '아버지'라는 말 속에 가장의 무거운 어깨가 느껴진다. 수천 세대를 거치며 아버지라는 존재는 가족을 위해 살고 묵묵히 자리를 지켰다. 수많은 아버지가 있었기에 지금의 우리가 있다.

과거 마을에 초상이 났을 때, 꽃상여를 들 수 있는 사람은 오롯이 아버지뿐이었다. 아무리 힘이 센 총각이라도 아버지가 아니면 그 일을 할 수 없었다. 오직 아버지만이 죽은 자를 떠나보내고 산 자를 위로하는 여정에 참여할 수 있었다. 지금도 같은 남자라도 아버지인 남자는 전혀 다른 존재처럼 느껴진다. 가족을 위해 기꺼이 자신을 변화시키어 자신의 개인적인 욕구와 행동을 내려놓고 가족을 위해 헌신하는 존재이니 말이다.

독일의 저널리스트이자 늑대 전문가인 엘리 H. 라딩어^{Elli H.} Radinger는 늑대 무리에서 아버지 역할을 하는 존재가 왜 필요한지 이렇게 말했다.

"늑대 무리가 제대로 작동하려면 모든 구성원이 협동해야 하고 자신감 넘치는 인물의 지도를 받아야 한다."

이는 늑대 무리뿐만 아니라 인간 사회나 가족도 마찬가지이다. 성공적인 무리는 가족 공동체의 이익을 개인의 이익보다 늘 우위에 둔다. 지속적인 생존을 가능하게 하는 이유이다.

협력을 이끌어내는 가장 좋은 방법은 친밀감과 조화로운 정서를 형성하는 것이다. 늑대 리더들은 기본 원칙을 가족이 결속하고 하나가 되는 것으로 삼는다. 그들에게 싸움보다는 무리의 친근하고 조화로운 기본 정서가 소속감에 더 큰 도움이 된다.

라딩어는 또 "강력한 지도력을 가진 늑대가 곧 수퍼 늑대이다" 라고 말했다. 오랫동안 늑대 연구를 했던 라딩어는 우리에게 늑대의 지혜를 배울 것을 조언한다. 늑대들의 삶의 원칙은 이러하다고 말했다.

"가족을 사랑하라. 맡겨진 이들을 돌보라. 절대 포기하지 마라. 대화하고 노는 일을 결코 중단하지 마라."

남자이면서 아버지인 우리에게 남자란 무엇이고 남자에게 주
어진 본질적 핵심이 무엇인지를 깨닫게 하는 말이다.

페르소나,
아니무스,
아니마

얼마 전에 여권을 갱신하려고 사진관에 가서 여권 사진을 촬영했다. 사진을 보고 사실 나는 좀 놀랐다. 사진 속에는 50대 중반의 엄격한 얼굴을 한 남성이 있었다. 오랫동안 학생들을 가르친 내 얼굴에서는 교육 현장에서 흔히 볼 수 있는 교수의 이미지를 풍겼다. 나이가 들수록 얼굴에 직업이 드러난다고 하지 않는가. 사실 내가 더 놀랐던 이유는 전형적으로 교수의 느낌과 함께, 중고등학교 시절 군기를 잡던 생활 지도 주임 교사의 느낌이 있었기 때문이었다.

나는 대학교에서는 좀 엄격하고 원칙적인 페르소나를 갖고 있다. 이러한 사실을 알고 있었지만, 막상 사진 속에서 깐깐하고 빈

틈없어 보이는 나를 확인하니 새삼 놀랐다.

　나의 이러한 사회적 가면 때문에 내가 가르치는 제자들은 나를 많이 어려워한다. 실력 있게 학생들을 가르치는 교수라는 사실과는 별개로, 인간적으로 다가가기 어려운 사람이라는 사실은 어쩔 수가 없다.

　사회생활에서 나는 엄격하고 딱딱하며 빈틈이 별로 없는 다가가기 어려운 사람이지만, 일상생활은 다르다. 나는 간장과 된장을 직접 담그고, 예쁜 병에 간장을 넣어서 주변 사람들에게 선물하기를 좋아한다.

　최근에는 원두 로스팅에 심취해서 열심히 로스팅 기술을 익히고 있다. 나의 최종 목표는 맛있는 커피를 로스팅하는 수준까지 도달해서 가족들과 주변 지인들에게 선물하는 것이다. 아마도 내 제자들은 나의 다정한 모습을 상상하기 어려울 것이다.

　이렇게 사적인 이야기를 하는 이유는 사람에게는 언제나 한 가지 면만 존재하지 않다고 말하고 싶어서이다. 만약 직장에서도 집에서도 언제나 한결 같이 변함없는 모습을 연출하는 사람이 있다면, 그 사람에게 좋은 일은 아니다. 그의 내면에는 활력과 생동감, 흥미와 매력이 고갈된 상태일 가능성이 크다.

　변화는 선택이 아닌 생존을 위한 처방이다. 끊임없이 변화를 받아들이고 새로운 도전을 수용하는 사회가 건강하게 성장할 수 있듯이 우리도 마찬가지이다.

| 남자 안에 사는 여자 |

칼 융은 우리의 안과 밖에서 바깥쪽을 담당하는 페르소나, 즉 사회적 가면이 지적이면, 안쪽을 담당하는 내면의 심성은 감상적이라고 말했다. 어떤 사람이 원칙적이고 엄격한 자세를 보인다면 그 이면에는 부드럽고 자상한 면을 숨기고 있을 가능성이 크다는 뜻이다.

페르소나와 내면은 서로 보완적 관계로 일정한 균형을 유지하려는 원심력이 작동한다. 매우 여성스러운 여성은 내면에 아주 강한 남성적인 모습을, 매우 남성적인 남성은 내면에 아주 여성스러운 모습을 지니고 있다.

예전에 해병대에서 특강을 한 적이 있다. 강의를 마치고 해병대 간부들과 부부 동반으로 식사를 했다. 말 그대로 '상남자'의 강한 이미지를 가진 해병대 간부들이 아내를 대하는 태도를 보고 깜짝 놀랐다. 해병대 간부들은 아내 앞에서 작아져 있으며, 그들의 아내는 마치 해병대 장교 같았기 때문이었다. 남편보다 아내들이 더욱 위풍당당했고 목소리에도 힘이 더 들어가 있었다.

칼 융이 말했던 아니무스와 아니마 이론에 따르면, 여성성은 여성들에게만 있는 것이 아닌 남성에게도 존재한다.

아니무스는 여성에게 있는 남성적인 모습이고, 아니마는 남성에게 있는 여성적인 모습이다. 아니무스는 의견과 주장으로 나타난다. 여성이 갖는 아니무스는 많은 에너지 가지게 만들어 도전적이고 추진력을 갖게 한다. 그러나 반면에 부정적인 아니무스의 특성도 있는데 이것은 융통성이 없으며 고집스럽고 거칠고 파괴적인 면으로 나타난다.

남성이 갖는 아니마는 기분으로 나타나는데, 긍정적인 특성으로는 긍정적인 자세, 섬세하고 친절한 모습으로 나타난다. 그러나 부정적인 특성은 우울하고, 잘 토라지고, 골을 잘 내고, 상처에 예민해지는 모습으로 드러난다. 긍정적 아니마는 삶을 매력 있게 만든다. 그것이 자신의 아니마와 접촉이 없는 남자가 메마르고 활기가 없고 지적이고 너무나 생기가 없는 이유이다. 아니마는 삶을 고무시킨다. 남자를 고무시키거나 매혹시키는 것 모두는 긍정적 아니마로부터 기인한다.

부정적 아니마는 우울하고 어떤 것에서도 즐거움을 찾지 못하고 모든 것을 비판하게 되는 이유인 것이다. 그들은 국이 싱겁다거나 반찬이 짜다는 등의 불평을 하며 식사도 안 하고 식탁에서 일어난다. 그것은 부정적 아니마에서 나온 것이다. 그들은 그들의 여성성과 전혀 접촉하지 않은 것이다. 긍정적 아니마는 삶을 고무시키고 삶을 매력 있게 만든다.

페르소나와 내면은 서로 보안적 관계로
일정한 균형을 유지하려는 원심력이 작동한다.
매우 여성스러운 여성은 내면에 아주 강한 남성적인 모습을,
매우 남성적인 남성은 내면에 아주 여성스러운 모습을 지니고 있다.

| 중년 남성이 받아들여야 할 것 |

중년 이후의 삶에서 자신과 반대되는 성의 특성을 어떻게 이해하는지가 매우 중요하다. 중년 남성인 아버지는 어깨에 무거운 가장의 책임을 지고 살아간다. 아버지를 짓누르는 무게는 이것뿐만이 아니다. 내면에서는 여성성과 균형을 맞추어야 하는 도전에 직면해 있다. 아버지가 자기 안에 아니마와 잘 관계를 맺으면 삶은 생동감이 있고 활기차며 매력이 넘치는 사람이 된다. 궁극적으로는 지혜로운 사람으로 성장한다. 그러나 자기 안에 있는 여성성을 인정하지 않고, 그러한 것을 수치스러워하고 억누르려고 하면 부정적 아니마에 사로잡힌다.

중년의 아버지가 자신 안에 있는 여성성을 인정하지 않고 부끄러워하며 의도적으로 억압한다면 아니마는 왜곡되어 부정적으로 표현될 수 있다. 그래서 이때는 아니마와 좋은 관계를 맺는 것이 중요하다.

중년 이후에 삶의 의미, 방향, 목표를 잃어버리고 사는 일이 시시해진 주현 씨가 있었다. 주현 씨는 우울과 무기력이 쉽게 찾아오고 삶은 활기를 잃어버린 상태였다. 작은 일에도 쉽게 주변 사람들에게 화를 내거나 짜증을 내고 폭발적인 감정적 동요가 일어나고, 서운한 마음이 밀려왔다. 끊임없는 불만과 예민함, 이유를 알 수 없는 높은 불안에 사로잡혔고 발기부전이 생겼다. 어느 날에는 가족을 버리고 가출하고 싶은 욕구가 일어났다. 바로 아니마의 영향이 때문이었다. 이런 상태가 깊어지면 자살 충동의 유혹 역시 쉽게 찾아온다.

주현 씨는 여성스러운 것을 열등하게 보고, 강한 남성성을 추구했던 남성이었다. 발기부전증이 생긴 뒤부터 관계를 할 수 없다는 것에 심한 열등감을 보였다. 그는 잠자리에서도 강한 남성성을 발휘할 것 같았으나, 관계를 할 수 없이 무능함을 느꼈다.

오랜 상담을 통해 주현 씨의 삶이 지나치게 남성성으로 치우쳐져 있었고, 여성성은 억압되고 열등한 것으로 여겨져 표현되지 못했다는 사실을 인식하게 되었다. 그에게 발기부전은 왜곡된 아니마를 회복하려는 증상인 것이다. 증상 덕분에 그는 자신을 들여다보게 된 셈이다.

주현 씨는 자기 안에 있는 여성성을 존중하고 받아들이려고 노력했고 급기야 아내와의 잠자리를 하기 전 그는 아내의 발에 키스했다. 여성성에 대한 존중을 표하는 행위였다. 놀라운 것은 이러한 노력으로 그를 괴롭혔던 증상으로부터 벗어나게 되었다는 사실이다.

주현 씨는 자신을 괴롭혔던 다양한 현상이 자신의 여성성과 적절한 관계를 맺지 못했기 때문이라는 사실에 놀라워했다. 수렁에 빠진 듯 답답한 느낌을 주었던 이유가 다름 아닌 아니마의 영향이라는 사실이 정말 놀랍지 않은가.

중년이 되면 남자에게 여성 호르몬이 증가한다. 내면만이 아닌 몸의 구체적인 변화가 일어난다. 중년이 된 아버지가 건강하고 활기차게 살기 위해서는 청년기 때와 다른 방식으로 자신을 대해 알아야 한다. 자기 안에 있는 여성성을 잘 수용하고 받아들이면서 남성적인 측면과 충돌하지 않는 균형을 찾아 낸다면 놀라운 선물들이 인생 속에서 준비되어 있다. 변화를 받아들이고 자기의 나이와 역할에 맞는 성숙한 모습으로 살아갈 수 있다.

고아가
세상을
구한다

　신화 속에 등장하는 영웅은 대개 아버지가 없는 경우가 많다. 테세우스와 오이디푸스에서부터 로마의 건국자인 로물루스에 이르기까지 이들의 공통점은 아버지 없이 성장한 아들이라는 점이다. 신화에서 왜 영웅은 언제나 아버지가 없을까? 고대 사회에서 아버지가 없는 아들에게 주어진 운명은 가혹했고 여기서 살아남은 아이는 결국은 세상을 지배하게 되리라는 믿음이 존재했기 때문이다.

　현대판 영웅 이야기인 '해리포터 시리즈'의 해리포터는 고아로 이모 집에 얹혀살면서 구박받으며 살아간다. 창고 같은 방에서 청소도구와 같이 생활하며 집에서 있는 듯 없는 듯 산다. 창고가 해리포터의 방이라는 사실은 그의 불행한 처지를 상징적으로 보여 준다. 그랬던 아이가 마법 학교에 입학하면서 전혀 다른 인물로 변신하게 된다. 현실 세계에서 그는 고아일 뿐이지만, 마법 세계에서는 그는 유명인이고 많은 문제를 해결하는 영웅이다. 여기서 '고아가 세상을 구한다'라는 이야기의 또 다른 버전이 만들어진다.

해리포터의 엄청난 성공은 해리포터가 너무나 불행한 고아라는 사실에서 출발하는 듯하다. 해리포터가 부모가 다 있는 부유하고 명망 높은 가문의 아들이었다면 이야기가 그렇게 재미있기 어려웠을 것이다. 해리포터의 불행한 이야기는 우리를 안심시키고, 더 나아가서 우리에게 희망을 준다. 고아에서 영웅으로 변화하는 과정에서 부모를 잃은 불행을 행복으로 변모시키고, 지나간 그의 고통에 대해 삶의 의미를 부여하기 때문에 많은 독자에게 사랑을 받은 것이다.

| 투쟁에서 살아남은 아이 |

조선시대 때는 아버지 없이 고아가 된 자식은 '죽병통'의 운명을 지녔다는 말이 있다. 일찍 죽거나 병들거나, 그것도 아니면 도통한다는 말이다.

동물의 세계에서 물개 무리의 대장 물개는 보통 고아 물개에서 나온다고 한다. 어미를 잃어버린 새끼는 다른 어미들에게 기웃거리며 젖을 얻어먹는다. 그러나 기존의 어미 새끼에게 공격을 받으며 힘겨운 생존을 이어나간다. 무사히 성장한 고아 물개는 무리를 이끄는 대장이 된다. 힘겨운 투쟁에서 살아남은 새끼는 무리에서 최강의 힘을 지닌 물개로 성장하기 때문이다. 단 살아남았을 경우에만 그렇다.

말콤 글래드웰Malcolm Gladwell은 '결핍에서 형성되는 미덕이 있다'라고 말하면서, 고아 또는 부모 중 한 명을 잃어버리는 아이가 그렇지 않은 아이들보다 오히려 더 잘 성장하는 일이 가능하다고 말했다. 큰 성공을 거둔 사람들 중에 고아 또는 한쪽 부모를 잃은 사람들이 그렇지 않은 사람들보다 훨씬 많았다고 한다. 영국의 총리들 중에 67퍼센트가 열여섯 살이 되기 전에 부모를 잃었고 조지 워싱턴부터 버락 오바마에 이르기까지, 44명의 미국 대통령중 12명이 어린 시절에 아버지를 여의었다. 부모를 잃어버리고 아버지를 이른 나이에 여의는 것이 성공의 한 방법은 분명히 아니다. 어린 시절 아버지의 부재는 아들에게는 너무나 큰 고통이다. 그러나 그 상실의 고통을 버티고 살아온 아들 중에 평범한 사람들보다 더욱 성공할 가능성이 높음은 분명하다.

보통 아들에게 아버지의 부재는 딸보다는 더 큰 손상을 받는 것으로 나타난다. 아동, 청소년의 시기에 아들의 정서적 세계는 딱 둘로 나누어져 있다. 사랑받는 사람과 사랑받지 못한 사람, 약한 사람, 강한 사람, 지배자와 비지배자, 나쁜 사람과 좋은 사람, 가해자와 희생자 등 이분법적 시각으로 왜곡되어 있다. 아직 완성되지 못한 미숙한 자아 때문에 아들은 자신이 사랑받는 사람이기보다는 사랑받지 못한 사람이고, 강자보다는 약자라고 인식하고 수치심을 느낀다.

이분법적인 눈으로 세상을 보는 아들이 가장 혐오하는 상황은 바로 자신의 약한 모습을 누군가에게 들키는 상황이다. 아버지의 부재는 아들에게 커다란 자신감의 결여를 만들어 내기에 아버지의 부재를 겪는 아들은 자신의 자신감과 더 나아가 자존감을 지키는 일이 중요한 과제가 된다. 아버지의 부재 속에서 자신감을 잃은 아들은 무기력과 위축된 행동으로 나타나거나 아니면, 반대로 자신의 결핍을 들키지 않으려고 반항적이고 공격적인 행동을 나타낸다. 예민하고 거칠고 고집스러운 행동 뒤에는 겁을 먹은 한 어린아이가 숨어 있다.

지금까지 살펴본 것처럼 아버지 부재 속에서 고통을 받는 아이들이 있지만, 의외로 아버지의 부재와 상실의 고통이 빗겨가는 아이도 존재한다.

| 복원력의 중요성 |

30대 중반의 남성 민국 씨는 어린 시절 교통사고의 후유증으로 다리에 장애를 가져서 걸을 때마다 불편함이 있다. 그는 중학교 시절 아버지가 먼저 세상을 떠나고 이어서 어머니마저 암으로 세상을 떠나게 됨으로써 고아가 되었다. 그는 두 살 어린 남동생과 함께 먼 친척들과 이웃, 지자체의 도움을 받으면서 지하 단칸방에서 성장했다.

그가 상담실에 온 이유는 남동생 때문이었다. 형에게 끝없는 원망과 폭언, 폭력까지 행사하는 동생 때문에 상담실을 찾아왔다. 민국 씨는 대학을 졸업하고 공기업에 입사해서 결혼을 하고 중산층으로 큰 어려움 없이 살고 있었다. 그는 한 아들의 아버지이기도 했다. 반면에 남동생은 대학을 중퇴하고 변변한 직장 없이 다니다가 형에 대한 원망과 열등감으로 둘 사이의 갈등은 폭발한 상태였다.

민국 씨와 대화를 나누다 보면 민국 씨가 자신의 삶을 소중하게 여기고 작은 것에도 감사하는 태도를 볼 수 있었다. 아들과 아내에 대한 깊은 사랑을 느낄 수 있었고, 아들과 아내에게 존경받는 아버지이자 남편이었다. 그는 직장에서도 좋은 평가를 받는 성실한 직장인이었다. 그에게는 많은 친구들이 있었고 그들과의 단단한 연대감은 민국 씨의 최고의 자산이었다.

그런데 민국 씨는 중학교 때 부모를 여의고 끊임없이 굶주림과 생계의 어려운 생활을 했다. 중학교 시절 부모 모두를 잃고 보육원에 안 가려고 애를 쓰고, 동생과 함께 가난과 생존의 위협 속에서 근근이 하루하루를 보냈다. 그랬음에도 상처의 흔적을 찾기가 어려웠다. 사춘기 시절 부모에게 느끼는 안정과 지지도 없이 일상의 많은 평범한 부분들을 포기하고 단념해야 했던 힘든 시간 속에서 느꼈을 원망과 불평, 피해의식이 없었고 오히려 감사하는 마음의 자세를 가졌다. 하지만 그의 동생은 형과는 완전히 반대였다.

지나치게 부정적이고 남의 탓하고 폭행과 폭언을 일삼는 동생은 사회생활에 완전히 부적응한 모습으로, 형과 함께 힘든 환경을 버텨내고 대학을 들어갔지만 두 형제의 현재는 너무나 다른 상황이었다. 반면에 형은 긍정적이고 언제나 감사의 자세로 살면서 주변 사람들의 신뢰와 관심을 한 몸에 받고 있었다.

나는 대화를 하다가 도대체 두 형제의 상반됨은 어디에서 왔을지 생각해 보았다. 사실 민국 씨는 동생보다 더 세상을 원망하고 자기에게 주어진 가혹한 운명을 원망할 수도 있었지만 그러지 않았다. 두 형제의 삶은 전혀 다른 방향으로 나가고 있었다. 똑같은 상황에서 형제라도 불행을 받아들이고 이겨내는 방향은 달랐다.

헝가리의 대문호 《열정》의 작가 산드르 마라이^{Sándor Márai}는 다음과 같이 말했다.

"별로 행복하지 못한 가정에서 자란 사람들이 그렇지 않은 사람들보다 삶의 중심을 잃지 않고 저항력도 강하다는 것을 알게 되었다."

하지만 아버지를 잃은 불행한 어린 시절을 보낸 모든 사람들이 산드르 마라이의 말처럼 그렇게 되는 것은 아니다. 그러면 도대체 무엇이 차이를 만드는 것인가? 프랑스의 신경정신의학자 보리스 시륄니크는 불행을 이겨내어 담담하게 지난날의 상처를 되돌아보는 이들의 비밀은 '복원력(Resilience)'에 있다고 말한다.

아버지가 있어도 실제적으로 아버지의 부재를 겪거나 아버지를 잃은 아들에게 어린 시절은 가혹할 수 있다. 자신이 겪어야 했던 경제적, 정서적, 환경적 어려움에도 삶이 주는 풍부한 생명력을 느끼고 누릴 수 있었던 사람들은 복원력에서 차이가 있다.

| 희망을 잃지 않는 마음 |

부모를 잃은 불행을 경험해야 하는 이들에게 불행은 구정물이 뒤섞인 흙탕물이고 거무칙칙한 진흙이다. 그리고 고통은 이들에게 불행에 굴복하여 살지 아니면 뛰어넘을지를 선택하도록 강요한다. 앞의 사례에서 민국 씨의 동생은 불행에 굴복했지만, 민국 씨는 불행을 뛰어넘은 것으로 보인다. 민국 씨에게는 감당할 수 없는 불행을 극복하고 앞으로 나갈 수 있는 복원력이 있었다.

아버지 없이 어린 시절을 보내야 하는 아들에게, 아버지는 아니어도 할아버지, 삼촌, 선생님, 선배 등 연장자 남성과의 관계에서도 아버지와의 관계에서 만들어지는 부분을 채울 수 있다. 아버지를 잃어버린 아들이 친아버지는 아니지만 새아버지를 통해서도 아버지와의 관계가 충분히 가능할 수 있다.

이러한 복원력을 동양의 명리학에서는 안 좋은 사주 같지만 그 안에 해결 방법을 상징하는 오행이 다 들어 있는 경우를 의미한다. 이런 경우는 온갖 역경을 다 헤치고 결국에는 성공하는 모습을 보인다고 한다. 그의 진짜 운명은 역경을 겪을 때 완성된다는 말이다.

복원력이 좋은 사람은 누구일까? 그것은 '변화에 대한 희망'을 잃지 않고, 과거에 지나치게 매이지 않은 채 현재를 살아갈 수 있는 사람이다. 서양에서 철학의 미명을 이끈 헤라클레이토스는 만물의 근본 원리를 변화라고 보았고, 고대 동양의 세계관을 담고 있는 주역도 변화에 있다고 보았다. 인간 삶에 대해 변하지 않는 본질은 변화라는 것이다.

자신이 겪어야 했던 경제적, 정서적, 환경적
어려움에도 삶이 주는 풍부한 생명력을 느끼고
누릴 수 있었던 사람들은 복원력에서 차이가 있다.

변화에 대한 희망을 품는 아이는 자기의 상처와 고통을 극복하고 자기에게 주어진 삶을 살아갈 수 있다. 역경에는 반드시 여기에 상응하는 대가가 주어진다. 보리스 시륄니크는 영혼에 큰 상처를 받은 사람, 애정 결핍으로 정면 타격을 받은 사람, 매 맞고 자란 아이, 피부가 벗어져 피를 흘려본 사람은 놀랍게도 삶의 새로운 철학이 마음속 내밀한 곳에서 발전한다고 말한다.

불행에 처한 사람에게 얼마나 복원력이 있는지가 드러나는 때는 불행의 순간이 아닌, 다 지나가고 먼 훗날 자신의 지나온 과거를 돌아볼 수 있으며 그 속에서 무언가 삶의 의미를 발견해 낼 때 비로소 알 수 있다. 지나간 자신의 과거를 재구성하는 작업 속에서 복원력이 작동한다. 즉, 지난 이야기를 할 때 우리는 과거를 다시 되돌아보는 것이 아니라 다시 건축한다.

과거의 내용을 지어 내는 것은 아니지만 과거에 일어난 일에 대한 기억의 배열을 다시 순서를 정하고 짤 수 있다는 의미이다. 우리의 뇌는 과거에 겪었던 기억을 뉴스처럼 생생하게 모든 것을 객관적으로 기억하지 못한다. 우리가 과거를 다시 보는 행위는 과거에 자신에게 일어났던 특별한 내용과 의미만을 기억할 뿐이다.

그렇기에 '변화의 희망'은 우리에게 닥치는 역경으로부터 우리 자신을 보호하는 효과를 지닌다. 결국 '모든 것은 지나간다'라는 단순하고 소박한 믿음은 우리의 인생의 이야기를 재편집할 기회를 제공한다. 그것을 어떻게 적용할지는 우리 개개인에게 달려 있다.

과거를 딛고
나다운 아버지로 사는 길

아버지가 있어도 아버지의 역할이 부재한 환경 속에서 살아온 아들들이 많다. 김훈 작가의 《라면을 끓이며》를 보면 그의 아버지에 대한 글이 나온다. 김훈 작가의 아버지는 일제 강점기 상해에서 김구 선생 밑에서 독립 운동을 하다가 김구 선생을 따라 귀국한 인물이다. 하지만 일제강점기 속에서 김구 선생은 비극적인 죽음을 당하고 김훈 작가의 아버지는 방황한다.

당시 시대적 비극을 생각한다면 어떠한 해결 방법도 없었기에 그의 아버지는 술로 인생을 살았다. 아버지, 남편의 역할은 전혀 하지 않았다. 김훈 작가는 아버지를 다음과 같이 회상한다.

아버지는 자상하지 않았고 가정적이지도 않았다. 아버지는 가난했고 거칠었으며 늘 울분에 차 있었다.

일찍 세상을 떠난 아버지보다 이제 더 나이가 든 김훈 작가는 아버지에게 대해 "젊은 날의 내 아버지가 때때로 내 가엾은 아들처럼 느껴진다"라고 말한다. 김훈 작가는 아버지의 불행이 곧 아들의 불행이던 그 시절을 재구성하면서, 아버지와 아들의 관계를 복원하고 있었다.

사랑과 공감은 사랑받고 공감받은 아이로부터 나온다. 그러한 아이가 다른 사람에게 사랑과 공감도 줄 수 있다. 그러나 사랑과 공감을 받지 못한 아이라도 온전하고 건강한 가족 안에서 자라온 아이들 못지 않게 살 수 있다. 아버지가 없어서 아버지와의 관계를 경험하지 못한 아들이 자신의 아들에게 따뜻한 사랑을 줄 수 있는 아버지가 되는 것처럼 말이다.

우리는 무조건 어린 시절의 불행에 갇혀서 고통을 끊임없이 반복하고 사는 비극적 운명의 주인공이 아니다. 우리에게는 회복탄력성이 있다. 상처난 마음을 복원하는 핵심은 변화를 향한 희망이다. 모든 것은 변한다. 우리가 변화에 적응하려면 과거로부터 나와서 현재에 집중해야 한다.

우리는 평생 고통을 모를 정도로 운이 좋지 못하다. 우리는 어떤 식으로 아버지와 어머니에게 받은 상처를 안고 살아간다.

방황하는 10대, 20대 아들들에게 내가 자주 하는 말이 있다.

"너의 아버지, 어머니는 부모로서 완벽하지는 못한 분일지라도, 이 세상에서 당신을 가장 염려하고 사랑한다는 사실을 잊지 않으면 좋겠다."

상처를 준 사람도 부모이지만, 여전히 나를 사랑하는 사람도 부모이다. 따라서 여기서 부모에 대해 일정하게 고정된 시선은 의미를 잃게 되고 변화될 수 있다.

부모 때문에 상담을 받으러 왔던 30대 청년이 있었다. 그는 아버지의 무관심, 어머니의 지나친 통제 속에서 심하게 반발을 하여 폭풍우 같은 사춘기를 보냈다. 부모를 향한 분노는 학교에서 교사들에게로 이어졌고, 여러 번 교권 침해로 선도 위원회에 올라가면서 쉽지 않은 시간을 보냈다.

긴 상담을 종결할 무렵 그가 내게 했던 말이 기억에 남는다. 그는 무척 힘든 청소년기를 보내었지만, 자신이 운도 좋았다고 말했다. 부모의 지원 덕분에 맞춤식 과외로 비교적 편하게 공부를 할 수 있었고, 학교를 중간에 쉴 때도 부모의 후원이 뒤따랐다고 말했다.

그는 심리적으로 지지를 받지 못했다고 생각해 불운했다고 느꼈지만, 결코 불운하지 않았고 비교적 좋은 환경에서 성장할 수 있었다. 그 사실을 깨닫자, 그에게 변화가 일었다. 그동안 그에게 부모는 언제나 분노의 대상 그 자체였는데 부모가 주었던 것들에 감사하는 마음을 갖게 되었다. 그의 마음은 좋아졌고 편해졌다.

감사의 마음을 가지면 자신에게 좀 더 관대해진다. 피해의식의 찌꺼기 속에 고통받지 않고 편해지며 자존감의 회복이 온다. 부모에게 받은 상처가 있는 사람은, 지금의 본인의 나이 때의 아버지와 어머니와 비교해 보기를 바란다. 시간이라는 비교 공간을 통해 두 세대의 처지, 환경, 삶의 자세, 방향, 의미를 꼼꼼히 비교해 보자. 또는 지금의 내 아들의 나이 때 나 자신을 돌아보고, 지금의 아들에 대해서 생각해 보자. 아들에 대해 도저히 이해되지 못한 부분이 있었다면 그때의 나로 돌아가서 생각해 보면 실마리를 찾을 수 있다. 회복은 내 안에서 그렇게 이뤄진다.

이 시대의 남편, 아들, 아버지를 위한 자기회복 심리학

아들은 아버지의 등을 보고 자란다

© 최광현 2023

1판 1쇄 2023년 2월 22일
1판 2쇄 2023년 5월 8일

지은이 최광현
펴낸이 유경민 노종한
책임편집 박지혜
기획편집 유노라이프 박지혜 장보연 **유노북스** 이현정 함초원 **유노책주** 김세민
기획마케팅 1팀 우현권 **2팀** 정세림 유현재 정혜윤 김승혜
디자인 남다희 홍진기
기획관리 차은영
펴낸곳 유노콘텐츠그룹 주식회사
법인등록번호 110111-8138128
주소 서울시 마포구 월드컵로20길 5, 4층
전화 02-323-7763 **팩스** 02-323-7764 **이메일** info@uknowbooks.com

ISBN 979-11-91104-59-2(03180)